晚清三大名案

林乾 著

中国政法大学出版社

图书在版编目（ＣＩＰ）数据

晚清三大名案/林乾著. —北京:中国政法大学出版社, 2019. 11

（名家说名案系列）

ISBN 978-7-5620-9167-7

Ⅰ.①晚… Ⅱ.①林 Ⅲ.①案例－汇编－中国－清后期Ⅳ.①D929.52

中国版本图书馆CIP数据核字 (2019) 第203045号

书　　名	晚清三大名案 WANQING SANDA MINGAN
出版者	中国政法大学出版社
地　　址	北京市海淀区西土城路 25 号
邮　　箱	fadapress@163.com
网　　址	http://www.cuplpress.com (网络实名：中国政法大学出版社)
电　　话	010-58908466(第七编辑部) 58908334(邮购部)
承　　印	北京中科印刷有限公司
开　　本	880mm×1230mm　1/32
印　　张	8.5
字　　数	170 千字
版　　次	2019 年 11 月第 1 版
印　　次	2019 年 11 月第 1 次印刷
定　　价	45.00 元

目 录

杨乃武与小白菜

临刑呼冤

张文祥刺马

杨乃武与小白菜

第一讲

"羊吃白菜"

　　静静的西子湖，千百年来，一直被誉为"人间天堂"。在西子湖几十里外的余杭东门附近，有一座坟塔，碑上写有"传临济正宗第四十三世准提堂上圆寂先师慧定之墓"两行字。慧定，是出家人的法名，可是大家也许想不到，这位名叫慧定的出家人就是晚清至今，有广泛知名度，甚至可以说家喻户晓的人物——小白菜。那么小白菜怎么成了"慧定"？她又有着怎样鲜为人知的家世？造物主又是如何让这位年仅二十一岁的天下美人在晨钟暮鼓中了却此后半个世纪的余生？从今天起，我将依据清宫档案和当事人的日记、回忆录，讲述小白菜真实的前世今生，揭开杨乃武与小白菜案的种种谜团。

1. 小白菜的凄苦身世

　　那么，在戏剧中被我们所熟知的小白菜究竟是何许人也？在这里我给大家做一个简要的介绍。小白菜，原名毕秀姑，有关她的身世来历，有各种不同的说法，有的说她本来不是余杭人，是太平天国时从南京逃难出来的难民的女儿，父亲是个教书先生，在逃难中死去，小白菜母女流落到余杭仓前镇毕家塘，为一个姓毕的人所收养，因而改姓毕；有的说她原本是个妓女；还有的说她是葛家的童养媳。

但据杨乃武的女儿杨濬和小白菜的母亲说，她本是余杭人，家住仓前镇向南二三里的村庄——毕家塘，这里只有五六十户农家，绝大多数都姓毕，故名毕家塘。1855 年，秀姑就出生在毕家塘，乳名叫阿生，父亲毕承祥于太平军攻打余杭时身故。据当地的老人讲，离毕家塘东南一百多米远，就是毕家老坟，旁边建有简单的祠堂，供奉毕家列祖列宗的牌位，其中就有秀姑父亲的名字。因此可以肯定，毕秀姑就出生在毕家塘。

父亲去世后，秀姑没有叔伯，也没有兄弟，因生活无着，同治二年，即公元 1863 年，秀姑 8 岁那年，她的母亲王氏改嫁给叫喻敬天的人为继妻，喻家本有几个孩子，有记载说，秀姑受到了继父的虐待，与她没有血缘关系的几个哥哥也时常欺负她。当时喻家借住在沈体仁家，沈体仁后娶的妻子按民间的说法，拖了个油瓶，这就是沈体仁的继子葛品连。11 岁时，秀姑的母亲王氏见葛品连为人憨厚，与沈体仁的继妻商量，将她许给品连。光阴如梭，秀姑长大了，而且越来越漂亮，女大不中留，同治十年，即 1871 年，葛家要迎娶 16 岁的秀姑，但因为彩礼，特别是房子的事，双方家长多有争执，后经葛品连的义母说合，商定小夫妻暂时先住在秀姑的继父家，度过蜜月就搬出。到了十月，葛家送了财礼洋钱八十元，又出酒席钱洋钱六十元，与秀姑过了婚书。同治十一年三月初四这一天，秀姑与比她大 10 岁的葛品连成亲了。

葛家原来住在仓前镇对岸的葛家村，以开豆腐店为生。同治二年，品连的父亲死后，品连被太平军抓去，豆腐店也关闭了。母亲葛喻氏孤身无依无靠，改嫁给余杭镇上做木匠的沈体仁为妻，因而又称沈喻氏。第二年，品连逃回，沈体仁与前妻有三个儿子，品连逃回后，沈体仁知道他会做豆腐，遂推荐给人做伙计。

那么，为什么毕秀姑会被叫做"小白菜"呢？原来此时的秀姑年方二八，不但容貌秀丽白皙，而且聪明乖巧，平时喜欢穿绿色的衣服，系条白色围裙，因而街坊给她起了个绰号，叫"小白菜"。而关于小白菜的美貌，当时多有记载。《清稗类抄》说她"有姿首，肤莹洁，体轻盈，人因以小白菜呼之"；她的婆婆在供词里也多次说她"生得美"；《申报》用"风韵天成""美而艳"来形容，即便经历了几年的酷刑折磨，"而色终未衰"；京城海会寺验尸，众人目睹小白菜"肥白，颇有风致"。可见秀姑的确漂亮。而据见过小白菜的老人回忆说，小白菜中等身材，身段特别好，容颜娇美，瓜子脸，皮肤白皙，弯黑眉毛，一双眼睛很有灵气。恬静淡雅，生性腼腆，是一个人见人爱的女子。

可是，尽管毕秀姑天生丽质，是小家碧玉，但是在当时的社会，毕竟只是一个毫无地位可言的普通百姓，和丈夫葛品连过着再普通不过的生活，又怎么会在后来竟然牵扯到了一起持续数年的大案之中呢？这就要从余杭县一个小有名气的乡绅，也就是案件中另一个被我们熟知的角色：杨乃武说起。

2. 惯与官府作对的杨二先生

公元 1841 年，也就是鸦片战争的第二年，杨乃武出生于余杭县城内澄清巷口西首的一个乡绅之家。这里距离县衙只有百余步，杨乃武的父亲杨朴堂以种桑养蚕为业，过世较早。杨乃武，字书勋，又字子钊，排行第二，人称"杨二先生"。他 12 岁进学，20 岁考取秀才。杨乃武还有一个姐姐，叫杨淑英，字菊贞，嫁给叶梦堂，不久丈夫病逝，以后没有再婚，经常回到娘家居住。襁褓中的杨乃武由姐姐带大，因此姐弟情深。据见过杨乃武的人说，杨乃武中等身材，长笼面孔，五官端正，长得很秀气，为人不苟言笑。杨乃武家境小康，有良田四十多亩，平日雇一个男工和女佣，耕读传家。

杨乃武虽没有官职，但在当地颇有名气，原因有二：第一，他博学多才，不但诗文写得好，尤其善于写一手钟鼎文，现存中国国家博物馆的一篇钟鼎文，可以说明。他还懂医道，通阴阳。但更重要的是他爱帮人打官司，而且每打必赢。他在方圆百里，有"第一刀笔"之称。第二，杨乃武性格耿直，平时看到不平之事，往往出来论理，还常把官府与劣绅勾结、欺压百姓的事编成歌谣，尤其惯作谤诗，就是把讥讽官府的话编成诗歌，以便流传。嘉道中衰以来，社会矛盾加剧，有所谓"南漕北赈"的说法，即官吏营私舞弊的办法，南方主要集中在漕粮征收上，北方主要集中在赈灾上。余杭的仓前镇，距离县城十余里，是漕米集中的地方，百姓缴纳漕粮时，官吏用脚踢、淋尖等办法苛索花户，纳粮一斗，往往要多交三四升，百姓苦不堪言，杨乃武代他们交粮米，又代写状子，余杭知县刘锡彤认为杨乃武是多管闲事，遂与粮书何春芳商量好，以包揽粮户、抗粮不交的罪名，要惩治杨乃武，杨乃武据理力争，被刘锡彤呵斥出去。杨乃武于夜间在县衙的照壁上贴了一副对联：

"大清双王法，浙省两抚台。"

意思是说，清朝明文规定，征收漕粮不准脚踢淋尖，一省之长的巡抚也发布文告，溢米由粮户扫取，而余杭县置国法官规于不顾，依然我行我素。杨乃武的这些行径，使他在官府有了"不良"记录，在官府看来，他是个不安本分的人，这样的人如果不整治，官吏发财的路可能就没有了。

此外，当地人包括杨家的后人，还言之凿凿地说，刘锡彤第二次离开余杭知县任，就是杨乃武告下来的，乃至还有"撞船"的说法。

总的来说，杨乃武就是一个学识较高，但是却总和官府作对的"带头大哥"。但也正是这种天不怕地不怕的性格，给他之后的悲惨命运埋下了伏笔。

3. 杨家来了一个特殊的租户

说到这里，我们又有一个疑问，这两户人家，一个是在当地颇有名气的乡绅，一个是普普通通的老百姓，按理说这两家人应该不会有什么瓜葛，那么他们两家之间又究竟发生了什么？一场命案又怎么会险些让这两家人一起命丧黄泉呢？这一切，还要从同治十一年杨乃武翻盖住房开始说起。

杨家原有房子，因太平天国运动而毁掉，后来在澄清巷租了一家姚姓的房子居住。直到同治十一年，才盖了自己的三间楼房。而此时秀姑家正因为财礼与房子，与葛家发生争执。秀姑家提出，葛家要有房子才能嫁女。而负责为杨乃武修盖房子的木工，不是别人，正是葛品连的继父沈体仁。沈体仁得知杨乃武的房子除了自家居住外，还有一间余屋，就以每月一千文的价格租了下来给新婚不久的小两口住，于四月二十四日，秀姑婚后搬入。这样，杨乃武与葛品连夫妇就成为同一个房子内的两户人家。秀姑一家与杨家同一个门出入，杨乃武住东首一间，秀姑一家住西首一间。

历史记载，葛品连"身材矮小而胖"，又是做豆腐的，因而当地人戏称他为"葛大"，秀姑也就有了"豆腐西施"的称呼。这些来自民间的称呼实际便代表了一种评价，就是小两口不般配。做豆腐需要晚上磨浆，第二天清早发卖，葛品连作为伙计，经常干到夜里才拖着疲倦的身体回家，天没放明就又要赶到店里去，后来，他就姑且经常宿在店中。毕秀姑活泼外向，白天在家，也常到同一个屋檐下的杨家串门，杨乃武和妻子詹氏也没有把秀姑当作外人，相处如同一家人。秀姑一个人在家，做饭要另起火，有时就在杨家与杨乃武同桌吃饭。所谓日久生情，杨乃武博学多才，又有秀才的身份，毕秀姑心向往之，不时请杨乃武教她读书诵经，杨乃武也不推辞，两人常常秉烛夜读。在礼教森严的社会，这种不避嫌的关系，一旦被放大，等待他们的后果可想而知。一时间，"羊吃白菜"的流言开始传出。

杨乃武与秀姑认识的较早，秀姑与葛品连结婚的日子就是杨乃武帮忙选定的。此时的杨乃武，父母都已过世，他先娶了吴氏，詹氏是他第二任妻子。与杨家相比，詹家颇有财势，但只有两个女儿，大的叫大娟，就是杨乃武的妻子，小的叫小娟。同治十一年九月初八日，就在"羊吃白菜"传言越来越多的时候，杨乃武的妻子因难产意外去世，此时外面又充满风言风语，添油加醋地说杨乃武的妻子是因与丈夫发生口角，致流产而死。料理完妻子的丧事，杨乃武的岳母即詹氏的母亲做主，又把詹氏的亲妹妹詹翠凤即小娟，嫁给杨乃武，并于同年十一月初三日过门。这就是后来为丈夫蒙受不白之冤而奔走京城、告御状的小詹氏。

4. 葛小大暴亡

有了这些流言蜚语，加上杨家的突然变故，葛品连也开始怀疑妻子秀姑与杨乃武有不端行为，有多个晚上，他从店里偷偷回到家，躲在门外屋檐下偷听，但除了听到二人读书诵经外，并没有其他私情，他还把自己听到的向母亲沈喻氏陈说。沈喻氏去杨家看望儿子儿媳时，也曾见儿媳与杨乃武同桌吃饭，现在听到品连一说，也起了疑心，沈喻氏偶尔也在邻居间谈及这件事，说"秀姑好像成了杨家的人"。于是流言四起，一时间，杨乃武奸占小白菜的流言开始传出，好事之徒还在杨家门外贴上一张画，画的就是"羊吃白菜"。

第二年即同治十二年闰六月，为了避免嫌疑，葛品连夫妇另行租房居住，离开了已成是非之地的杨家。然而秀姑与丈夫葛品连就能过上平静的生活吗？之前的所有嫌隙能就此平息吗？从实际情况看，这对小夫妻的矛盾反而更多了。

我们无法推测秀姑搬出杨家后的心情，但有一点是肯定的，她因年轻貌美，加之丈夫不经常回家，因而常受外人欺侮，日子过得很不好。刘知县有个公子，叫刘子翰，是个花花公子，经常与管征粮的书吏何春芳四处拈花惹草。刘公子早就垂涎秀姑的美貌，但因秀姑租住杨家，惜无机会。这次秀姑搬出来住，又常常一个人，他便感有机可乘。一次，刘公子找到他的相好阮桂金，将秀姑强暴，秀姑惧怕知县公子的权势，不敢声张。后来，何春芳知道刘公子得手后，也潜入秀姑家，想要效仿刘公子的做法，秀姑拼命抵抗，正好为葛品连撞见，何春芳连忙跑出。葛品连责骂秀姑，从前在杨家已有谣言，今天又发生此事，怀疑妻子不端，此后经常借故打骂秀姑。

八月二十四日，葛品连买了几十斤白菜，叫秀姑腌。等到晚上回来，见菜还没有腌好，便将妻子痛打一顿，秀姑气得把头发剪掉，发誓要出家做尼姑，直到双方的母亲赶来调解，夫妻两人才和好如初。

也是这一年的八月，杨乃武的命运发生了翻天覆地的变化，八月他赴杭州参加乡试，中了浙江省第一百零四名举人。查余杭县志，当年仅有杨乃武一人中举，可见竞争之激烈，也可见杨乃武绝非等闲之辈。此时，三十六岁的杨乃武正值人生的大好年华，若能由举人而中进士，他的前面可以预见已经铺就了一条金子般的道路。即便不中进士，他的举人身份也完全可以混上一官半职，成为朝廷命官。但是此时的他做梦都没有想到，这一切会因为秀姑丈夫的突然死亡而改变。福兮祸之所伏，短短几天，他经历了人生的大喜大悲。

原来就在葛品连一家从杨乃武家搬出四个月后，十月初七日，葛品连身发寒热，两膝红肿。秀姑知道丈夫原来患有流火症，劝他请个替工，休息两天。品连不肯，仍坚持上工。流火，中医又称丹毒，一般以火毒为主，多由风湿症等引起，发于下肢者称为流火。初九日早晨，品连实在不能支撑，只好回家，途中买了粉团吃，但走到学宫化纸炉前，便呕吐不止。邻居见他双手抱肩，浑身发抖，呻吟不已，连忙喊秀姑出来，秀姑将丈夫扶到楼上，帮他脱衣躺下，见丈夫依然呕吐发冷，询问病情，他说初七日到店，两天来身体一直发热发冷，大概是流火病复发的缘故，叫秀姑拿一千文钱托岳父代买东洋参、桂圆补补元气。买来后，秀姑煎成汤药让丈夫服下。然而到了下午，秀姑听到丈夫喉中痰响，口吐白沫，问他，已不能说话，等双方家长赶到时，品连已不能开口说话，急忙请大夫前来，说是痧症。痧症是中医常见的病名，痧就是在病人身上刮几下，马上便出现紫红色、类似细沙的点，因此称之为痧症。大夫当即用万年青、萝卜籽煎汤灌救，也未见效，当日申时，大概也就是我们现在的下午 4 点钟，葛品连气绝身亡。值得注意的是，当时在葛品连死亡之后，根据案件中的各方供述，葛品连的母亲沈喻氏给儿子换衣服，"尸体并无异常"，而且在场的所有人对于葛品连的死因也都没有任何怀疑。

葛品连死时是十月小阳春天气，南方气候很暖，品连身体又胖，到了第二天即初十日夜里，尸体口鼻中有淡血水流出。葛品连的义母冯许氏对葛品连的母亲沈喻氏说，品连死得可疑；并低声说，传闻秀姑有不少私房钱，如今品连一去，她迟早要改嫁，不如让她把全部积蓄拿出来，日后你也有一些依仗。沈喻氏见尸体脸色发青，也心中生疑，盘问秀姑，回答并无其他缘故。冯许氏请来乡村管治安的地保王林，说品连死得可疑，请他代缮呈词。

十一日黎明，由王林带领死者的母亲沈喻氏向余杭县衙喊告，呈词中仅说死因不明，并未涉及任何人。

第二讲

飞来横祸

1. 秀才进谗

按照法律规定，正印官在接报人命伤害等案件后，必须立即亲临现场勘验。此时的余杭知县刘锡彤，年已 68 岁。刘锡彤是直隶天津府盐山县人，由增生中式道光丁酉科（1837 年）顺天乡试举人，但仕途非常不畅，直到同治七年，即 1868 年，由大挑知县转任浙江余杭知县，因亲老告近改山东，署理邹平知县，不久父亲病逝，在家守制，服阙后到浙江任职，第二次任余杭知县。长子刘海升又名刘子翰，随侍任所，同治十年夏间，知县次孙在衙署病故，十一年七月，奉调卸事，十二年四月，其长子将其孙灵柩回籍。九月回任，这是刘第三次任余杭知县。

刘锡彤三任余杭县，前后加在一起，不足四年，每一任都没有任满，而第二次离职原因，遍查县志等，都没有交代。而据有的记载，这次离任与杨乃武闹粮有关。还有当地的老人说，刘锡彤这次上任，原余杭知县接到杭州府通知，得悉刘锡彤到任，就派船前往迎接，一路上鸣锣击鼓，甚是威风，官船挂上风帆，按当地习惯，靠北而行。刘锡彤笃信阴阳八卦，认为北属壬癸，忌讳北岸行舟，于是坐在船上，令靠南岸行驶。舟子明知行错路线，但碍于知县的命令，不便计较。船行江中文昌阁时，正好与杨乃武进省的船只相遇，杨乃武乘的是小船，调转灵活，而刘锡彤的大船为闪避几乎倾翻。刘锡彤遂大骂，并记恨杨乃武是故意的。

第三次任余杭县仅仅一个多月，十一日早晨，刘锡彤接到报案后，即叫来仵作沈祥和门丁沈彩泉等准备前往葛家勘验。这时，有余杭秀才陈竹山（陈湖）因略通医道，经常出入县衙给人看病。据杨乃武的女儿回忆，他与杨乃武有过节，一次曾为地主写状子，告农民抗租，农民被关进班房后，杨乃武为农民写诉状，救之出狱，因此陈竹山对杨乃武怀恨在心。此时陈竹山闻听此案，就把他听到的杨乃武与毕秀姑的传闻告诉了刘知县，说葛品连之死恐有别情。刘知县让手下人出去暗访，果然有这种说法。不免心中有了主张。

来到葛家验尸时，只见尸身膨胀，上身作淡青色，肉色红紫。按照规定，仵作验尸要喝报，即高声喊，以让尸亲、邻佑听得清。

2. 尸检生变

自宋代以来，《洗冤录》是官府承认的唯一的尸伤检定的法定文本。该书所载服砒霜而死的特征是"遍身发小泡作青黑色、口唇破裂、两目胀大、十指甲青黑""七窍流血"，死前"吐逆（肠腹绞痛）不可忍、发狂"，检验办法"用银针，皂角水擦洗过，探入死人口内，以纸密封良久，取出作青黑色，再用皂角水擦洗，其色不去"。

沈祥辨认尸体，觉得有的像《洗冤录》所记砒霜中毒的症状，有的不像。本来，这时更要仔细，但他辨认不真，如手指脚趾灰暗色，他认作青黑色；口鼻里的血水流入两耳，他认作七孔流血；用银针探入喉管作淡青色，他认作青黑色。因尸体未僵，沈祥说是烟毒。而门丁沈彩泉因在县衙时听到陈竹山的议论，说不是烟毒，定是砒霜毒死。两人争论起来，沈祥在填写《尸格》时，含混称死者系"服毒身死"。

在这里我们注意到，作为年近六十，自同治五年就任余杭仵作的沈祥而言，不知是有意，还是疏忽，他犯了一个常识性的检验错误，即银针抽出时，没有用皂角水擦洗，即认作服毒。这是冤案铸成的关键之一。

3. 狱中教供

刘锡彤一听"服毒"，立刻传问葛品连的亲属、邻舍，但都不知毒药从何而来，当即将秀姑带回衙署，封锁宅门，在白公祠摆设公案，由捕役阮德在外把门，值日差役及刑书人等都不随堂，只有招书随堂，即秘密审讯，逼问她毒药从何而来，秀

姑供不知情。夜间再审，刘锡彤不问毒药来源，要她供出曾与
何人通奸，又逼问她是否与杨乃武有私情。秀姑说杨某除教她
识字读经外，并无他情。

第二天（阮德供词说当天夜里审讯，三更秀姑招了）审讯
时，秀姑仍说不知，在这样的情况下，刘知县下令用刑。在中
国传统司法中，即便有证据，也必须以原被告口供为输服，因
而口供有证据之王的说法。刘锡彤开始用拶（zan）指（用拶子
夹手指，古时一种酷刑）之刑，但秀姑仍极口否认，遂又用其
他酷刑。

到了深夜，刘子翰和何春芳怕秀姑供出两人强暴的事，就
叫阮桂金进去教供，说已经验出你丈夫是毒死，这可是千刀万
剐的罪，你已经为万人指目，还能推到谁的身上？你年纪轻轻
就受此大罪，怎么得了，办法只有一个，说出与你平日相好的
人是杨乃武，就说他告诉你的，这样可以减轻你的罪刑，你与
杨乃武的关系，外人哪个不知，你不妨认了，况且，杨乃武乃
新科举人，在皇帝面前都有名号，或许你们两人都可以平安无
事。这样，我们可以在外救你。还告诉她，千万不能说出刘公
子的事，因为无人对证，会罪加一等。秀姑一时没了主意。再
番酷刑之下，秀姑最终供认她与杨乃武因奸谋害亲夫，说初五
日杨乃武给她一包药，说是治流火的，但其夫吃下去就死了。

4. 杨乃武不服

刘锡彤得到秀姑的口供后，已经是三更时刻，白公祠的宅

门打开后，县衙的接帖家人姓王的吩咐，把门的阮德一起去请捕厅，立即传讯杨乃武到县衙。到了杨家，敲门许久，杨乃武开门出来看，阮德指认此人就是杨乃武。姓王的说，本官立等你说话。杨乃武说天晚，明天再去，被姓王的逼住不放，一同到了衙门。在花厅审问如何用毒药毒死葛品连，杨乃武怒斥刘知县凭空诬陷，出言不逊，刘知县出示秀姑原供，杨乃武仍坚称绝无此事。因杨乃武是新科举人，按照法律规定，对有功名的人不能动刑，于是将杨乃武押入牢中。

对有功名的人涉及诉讼，自雍正时期规定，凡是事不干己，要"先革后审"，即先把功名革除，以便同普通百姓一样，进行刑讯，这原是限制绅衿诉讼。

十二日，刘锡彤便申请上司，将杨乃武革去举人身份。但按程序，要由巡抚上报，等候批复。但在批文尚未到达时，刘知县就对杨乃武动刑，而杨乃武仍不承认。

档案所见浙江巡抚杨昌浚题奏，请革去杨乃武举人功名的日期是同治十二年十二月初七日，这时此案已经完成三审。皇帝朱批是：杨乃武著革去举人，其因奸谋死本夫情由，著该抚审拟具奏。该部知道。

杨乃武被牵进人命大案，并在堂上对质时，秀姑供出谋毒，是十月初五日交给她砒霜之事，于是将此种情况告知他的姐姐和妻子，让她们找到当时在现场的堂兄杨恭治、妻弟詹善政，以十月初五日杨乃武在南乡为岳父除灵立继，直到初六日才回余杭城为证，证明毕秀姑供认的初五日交砒霜为虚。随后，当天参与除灵的监生吴玉琨等人都在向余杭知县递交的公禀上签字署名。刘锡彤收到公禀后，让杨乃武与毕秀姑对质。然而秀姑惧怕受刑，咬定原供属实，杨乃武拒不承认。而刘锡彤此时则置公禀于不顾，认为案情已明，详报上司。案件完成了初审。

5. 知县为免上级驳回"作案"

杨乃武与秀姑将押解到上一级审拟，如果罪名成立，秀姑将被判处凌迟处死的重刑，而杨乃武也将被处以斩立决之刑。那么面对一个如此漏洞百出的案件，杭州知府究竟会作出怎样的判决，杨乃武与小白菜二人的命运又能否在杭州府发生转机？

按照清朝刑事案件的司法程序，州县是第一审级，属于初审性质，但却是基础性的，极为重要，上级衙署的审理一般都以初审为基础展开。十月二十日，刘锡彤将杨乃武、葛毕氏及相关案卷解至杭州。在案卷中，以详案最为重要，这是州县根据勘验讯明后，呈报给上级衙署的带有综合性质的详文，上级审理即以此详文为基础，因此写详案是州县官的基本功，如果详案有漏洞，往往被上司驳回。

大家可能要问：面对这样一桩漏洞多出的案件，岂能不被知府驳回？刘知县会原原本本地上报吗？为了与案情吻合，免让上司驳回，刘知县将杨乃武亲朋递交的公呈擅自扣压，没有连同其他卷宗上交杭州知府，因此，杨乃武作案的时间成立。但仅此还不够。他又对原供进行了三处重要捏造修改：

一是将葛品连母亲所供的死者口鼻流血，改为七窍流血。

二是报告称试毒的银针已用皂角水擦洗，结果"青黑不去"。

以上两点与《洗冤录》所载砒霜中毒情形一致。

三是将秀姑初五日交给流火药，改为初三日交给毒药。使得杨、毕有了作案动机。

那么，人们的疑惑难解，即刘锡彤何以如此，要将杨置于死地？我们没有从直接记载中找到证据，但综合前面刘锡彤的儿子为得到小白菜而用尽衙内手段，加上杨乃武带头"闹粮"，就可以理解了。

6. 陈知府二审

余杭属杭州府管辖，知府陈鲁接案后，正式进入二审。

余杭距杭州仅几十里路，杨乃武与小白菜合谋毒死葛品连的消息立即在浙江全省流传，新科举人出了这样大的事，还闻所未闻，一时间，那些没有考中的秀才更是咬牙切齿，唯恐杨乃武不早日受到极刑。

二审在重大案件审理中，是十分重要的审级，特点是开始审转程序。所谓审转，主要包含两层意思。

第一是审理。对州县呈报的上详（所谓详文，就是州县官根据现场勘验，以及原被告等供词、证人的证言等进行综合，呈报给上级衙署的判案材料）以及所有卷宗、人犯、干证等都要进行实际审理，然后按照法律拟定罪名、罪刑。

第二是转呈省级最高司法衙门。一般而言，二审以后，除非当事人翻供，按察使等不再进行实审，多是就下面报上来的卷宗特别是法律适用进行形式上的审判。这就是说，如果一个重案，在二审期间认真审理，能够纠正冤抑，但如果二审仍不能纠正，到省级审理时，纠错的概率就非常低了，因而，府一级审理是审转的关键环节。

此时的杭州知府陈鲁，以往记载大多说他是军功出身，实际不是这样。陈鲁是江宁府上元县人，道光年间进士，在刑部任主事、提牢厅主事多年。咸丰年间，因审案时犯人在监死去被革职。同治四年任浙江衢州知府。自同治七年任杭州知府。案发时58岁。巡抚对他的评价是笃实廉明，办事勤恳，听断平允，舆论咸孚，"办事细心，人亦谨饬"。

陈鲁虽是进士出身，但在杭州知府任上多年，杨乃武惯作谤诗，毁谤官府的事，他早有耳闻；他也知道，仓前镇闹粮的事，也是杨乃武为首。因此，在陈鲁眼里，杨乃武是一个不安本分的人，因此第一次审问，就把大刑摆在堂上，秀姑见此，不敢翻供。审问品连的母亲，沈喻氏改供说，见尸体异常，盘问秀姑时，秀姑已说是杨乃武下毒，这是新的进展。至于杨乃武，他开始坚持自己与本案无关，并对陈知府讲起他因刘知县上任，船只行走没有按往常靠北而行，致使两船几乎相撞，刘知县怀疑他是有意为之，但陈知府哪听得进这些，便用上了所有刑具，上夹棍，跪火砖，加上熬审，几堂下来，杨乃武承认将毒药交给秀姑。

7. 药铺老板做假证

杨乃武的招供是杭州府二审的重大进展，更为重要的是，杨乃武说出了砒霜的来源。杨乃武说十月初三日他自杭州回余杭路经仓前镇时，在一家"爱仁堂"的药铺，店主叫钱宝生，他假称毒老鼠，用四十文钱买了一包红砒交给秀姑。陈鲁没有找这位店主对质，而是下令刘锡彤去仓前镇缉捕"爱仁堂"药铺的老板。

在许多影视等文艺作品中，药铺老板都是一个出坏主意、做假证的奸邪小人形象，这与实际大相径庭。

爱仁堂的药铺坐落在仓前镇东首，是一家两间门面的小药铺，药铺里写着"以信为本，以诚待人，以忍处世"等家训，因为经常给穷人赊药，药铺生意很火，当地人还给药铺老板起了个"大慈先生"的雅号。

这样一个人，无论如何也想象不出他能够为一件人命关天的案子做假证。

在清代，尽管有法律规定对证人有保护，不得与犯人一样羁押，但在重大案件中，关键证人也允许羁押。刘锡彤审讯店主前，通过曾是知府的师爷、现任余杭训导的仓前镇人章浚又名章纶香，写信给钱宝生，叫他大胆承认，绝不拖累。店主来到县衙后，被带入花厅里，他说自己虽是店主，但名字不叫钱宝生，而叫钱坦，小药店里从来没有进过砒霜，更没有看见杨乃武到仓前。尽管刘锡彤一再威胁利诱，但人命关天，钱店主仍然拒绝作证。

钱坦的弟弟钱垲听说兄长被传到县衙，赶紧打探内情。他知道陈竹山与刘知县熟识，就托他去说情。陈竹山陪同钱垲到县衙时，刘锡彤正在花厅讯问钱坦，不便进入，就在门房里叫门丁沈彩泉把杨乃武在杭州府的原供拿来，沈彩泉进去把刘知县抄来的原供给陈竹山看，陈竹山见供词上说买砒霜是用来毒老鼠的，就对钱垲说，主犯所供买砒霜是为毒老鼠之用，药铺不知道是毒人，因而承认下来也没有什么罪，至多是杖责，如果不承认，反而有罪，如果承认，他可以让知县出具无干谕帖，这样就不会有任何拖累了。钱坦退出后，弟弟上前询问经过，钱坦说刘知县强令他供认卖砒霜给杨乃武，他没有承认，这时，陈竹山便把与钱垲所说的话又跟钱坦说了一次，钱垲也劝哥哥承认。

钱坦还是没有答应，知县见钱坦软硬不吃，便暗示门丁将钱坦连拖带拉，带出去，不一会，门丁回来，手里拿着一张纸，挥挥手对刘锡彤说，大人，已经得了，说卖毒药给杨乃武了。原来，门丁许诺给钱坦不少钱。

8. 凌迟定案

钱坦当即在门房出具了一张卖砒霜的甘结，刘锡彤拿到甘结后，就给钱坦出具了无干谕帖。清代中后期，在社会矛盾日趋严重的背景下，尽管社会普遍有一种健讼即好打官司的风气，但就一般人而言，还是不愿沾上官司的，所谓无干谕帖，就是由知县出具的以后与该案无关的字谕，在知县的管辖范围，它具有一定的法律效力，这就是为什么在以后的庭审里，钱坦没有再出来作证的原因。钱坦拿到知县出具的无干谕帖，就使得他以后不受本案牵连，不受羁押。

刘锡彤拿到卖砒霜的甘结后，即送到杭州府。知府陈鲁这时又用严刑逼供，毕秀姑供认八月二十四日与丈夫争吵，是因杨乃武来自己屋内调笑，被丈夫撞见而遭殴打。其他证人，包括王心培、沈体仁等人，都供出撞破奸情之事。

陈知府得到刘锡彤递交的钱坦的甘结，又加上杨乃武和毕秀姑的供认，以及其他证人的证词，认为案无遁饰，同治十二年十一月初六日，以因奸同谋杀死亲夫罪判处葛毕氏凌迟处死，以起意杀死他人亲夫罪判杨乃武斩立决，并转呈省级衙署。至此，杨乃武案二审结案。

第三讲

京城申冤

1. 三审定谳

清朝的死刑案件由州县、知府完成初审、二审后，进入三审，即由一省的最高司法官——按察使司审理。一般而言，二审呈报后，按察使不再进行实审，多是就下面报上来的卷宗，特别是拟判进行形式上的审判，也就是不就事实进行审理，而主要看适用法律是否得当，也即通常说的"法律审"。因为一个案件发生的事实，与法律所采信的部分有很大不同。前者即客观事实，不以人的主观认识而存在，后者指能够引起法律关系的事实，也即我们通常说的与案件的判决有关联，即法律事实。作为执掌一省司法的最高机构，如果每一件案件都从事实审起，确实有其难度，因而这项工作更主要由府县来完成。

按察使蒯贺苏，出身举人，曾署理河南固始县令，后积功历任直隶州、知府、道员，升任浙江臬司。此人虽年近七十，但任职已近四年。我们没有发现他单独审理此案的相关档案，因此，难以知晓更多情况。据杨乃武的女儿回忆，案子到此后，只将杨乃武等人过了两堂，没有进行刑讯，而杨乃武、毕秀姑认为难以翻案，照前供述。而据来自《申报》的报道，杨乃武在过司审时，神色迷茫，没有翻供，按察使动了恻隐之心，对他说：你如果有隐情，不妨直说。杨乃武叩头阶下，时时呼冤，并求明察，臬司问杨乃武为何认于前而翻于后？岂非刁展？杨乃武一语不答，自将上衣脱下，只见肩背手腕，鱼鳞片甲，遍身是伤，流泪道：请大人检视身上的炮烙之刑，就知道革举招认，实际是为免受一时的毒楚，而不能作为定谳的依据啊！臬司恻然久之。但详情不得而知，最终认为原审无误，照原拟罪名上报浙江巡抚。三审草草结束。（光绪元年十一月初一日，蒯贺荪因行香中风，次日病逝。巡抚杨昌浚对他的评价是性情坦白，不设城府，办事勤慎。）

死刑案件由按察使审核后，按例报该省巡抚或总督审拟后，报中央刑部等衙门核查。本案由浙江巡抚负责定谳，一般说来，这是案件的最后审结。

杨昌浚是湖南湘乡人，湘军教父罗泽南的弟子，随罗泽南、左宗棠等作战，自同治三年任浙江按察使起，升任布政使、巡抚，一直在浙江任职，堪称是浙江实权派人物的代表。提审杨乃武时，因杨乃武一再辩称自己并没有在爱仁堂买砒霜的事，以前所供是因为屈打成招。为此，杨昌浚委派候补知县郑锡滜到余杭微服私访，但知县刘锡彤早已得到讯息，叫陈竹山通知钱坦，让他承认卖砒霜是真，并以甘结相威胁。因此当郑锡滜问询钱坦时，钱坦说有卖砒霜这件事，郑锡滜的所谓微服私访以该案"无冤无滥"禀报，杨昌浚对郑锡滜大加赞赏，这位候补知县也成了真正的知县。同治十二年（1873 年）十二月二十日，杨昌浚以该案证据确凿，维持原判，上报清廷。

清朝有一个非常完善的秋审制度，这也是为人称道的所谓矜恤人命的善政。大家可能会认为，杨乃武案会在秋审时得到纠正或平反。但秋审所审理的都是一般刑事重案，而对待这类逆伦案，不必经过秋审，而采取从重从快的办法，只要皇帝勾决的钉封文书一下来，地方就立即执行。至此，案子几乎成为铁案，杨乃武和毕秀姑二人已命悬一线。

2. 杨家伸冤

讲到这里，可能大家有疑问，如果说毕秀姑是一介草民，丈夫死去后，母亲是她唯一的亲人，无法为她伸冤，而杨乃武毕竟是新科举人，家道小康，难道他的家人会坐视亲人受刑吗？

其实早在二审期间，杨乃武的家人就想尽办法为杨乃武伸冤。妻子詹氏嫁到杨家时只有 18 岁，不足一年杨乃武案发，她日夜痛哭，又有身孕，本来一只眼睛不好，现在摊上这样大的事，几乎双目失明。但她在杨乃武姐姐的鼓励下，没有放弃，案发不久的十月十三日，她与娘家人詹善政等到县衙递诉状。十一月十一日一大早，她与大姑姐一同找葛品连的母亲，葛母躲避楼上，到晚上才下来，她质问为何在县供和府供不一样，跪求到杭州府理论。分娩不久,又同杨淑英到仓前镇找钱坦母亲,央求其到府里递没有卖过砒霜的悔呈。

与詹氏不同,杨乃武的姐姐杨淑英不仅有主意,更有一份坚定。即便杨乃武都认为毫无希望,自愿放弃的时候,她仍然发誓永不放弃,她拿出积蓄,从县差、府差那里得知,县府都动了大刑,口供不一,显然是屈打成招。她又到杭州城隍庙求签,得到四句诗:

> 荷花开处事方明,春叶春花最有情;
>
> 观我观人观自在,金凤到处桂边生。

城隍山的测字先生说:还有救星,到荷花开时,冤情就可以明白;桂花开时,人就可以平安回来。杨淑英又去扶乩(一种民间占卜方法),乩坛上批了两句诗:

> 若问归期在何日,待看孤山梅绽时。

旧时代的人很迷信,得到"神"的启示,杨淑英更坚信弟弟杨乃武案会平反。

二审结束后,杨家准备上省告状,因杨乃武的妻子詹氏刚生下一个男孩,叫杨荣绪,无法外出。

清代采取限制诉讼的制度,女子属于限制的一类人,告状必须找代她出名的,称为抱告,经与家人商量,由杨乃武在狱中写好状词,家人商定后,由过继给杨乃武岳母的詹善政作抱告，到省里向臬司、藩司、巡抚衙门投状告冤。但此时案件已经在巡抚审结，上报中央了。也就是说，该案似乎已成铁案。

3. 二上京城告状

妻子詹氏及其他亲属都感到再无翻案的机会了，但只有杨乃武的姐姐不放弃，她认为，案子还没有通天，就有希望。她去探监时，与杨乃武商量，由弟弟写呈词，由她带出，到京城告御状。杨乃武说：天下乌鸦一般黑，京官疆吏一窝生，今天已无包龙图，冤沉海底无处伸。而且，千里迢迢上京城，不仅路上冒风险，到了京城告不准，反而遭殃。现在离秋决还有几个月，多见一面是一面。杨淑英与弟弟失声痛哭，说"不到黄河心不死，不见青天誓不回"，同监的犯人也鼓励上控，狱卒也深表同情，设法找来纸笔。叙述到与秀姑的关系时说："葛毕氏住我家，视同家人，乃武身受一榜之恩（中举），读书知礼，岂能出此兽行。所谓私情，全是捏造。问官全是一番刑求嘴脸，酷刑之下，何求不得。乃武受刑之惨，古今少有。"

同治十三年三月呈词带出后，杨淑英与詹氏商量一同进京，找詹氏的娘家佣工王阿木即王廷南做抱告，当时詹氏刚生下孩子不久，她身背黄榜，也就是民间俗称的冤单，历经千辛万苦，走了两个多月，到都察院呈告。

大清律例规定：如有冤抑审断不公，须于状内将控过衙门审过情形开载明白，上司官方许受理，若再有屈抑方准来京呈诉。

可见，法律支持在不越诉的前提下上诉，而京控是在法律上的一项制度安排，而非临时措施。千方百计上京城，在嘉道时期，随着吏治的腐败，特别是地方封疆大吏的普遍化腐败，到京城告状的可以说络绎不绝，形成非常独特的一种社会和法律景观。至于效果如何，我们会在本案中详细交代。

再说历时两个多月，历经千辛万苦，到了京城递呈时，王阿木因眼睛不好，又找来同在詹氏娘家打工的堂弟王和尚一同进京，但临递呈时，王阿木借口眼睛不好，把呈词交给王和尚，到都察院顶名代递。因为抱告身份不符等原因，都察院没有将此案奏请皇帝批示，而是直接将王和尚押解回杭，案交巡抚审理。杨昌浚仍交原问官审理，得知进京告状，因此审问用重刑恐吓，杨乃武不待辩冤，即仍照原结。第一次京城告状没有任何效果。

此时甚至连深信神的启示的杨乃武的姐姐都有些退却了，因为在本省是不可能告赢的，而几千里京城路，是一大笔开销，杨家自摊上这场官司有一年多了，本来相对富裕的家里已经拿不出什么了，原有的四十亩桑田已经变卖了十几亩，所剩无几了。正在为第二次进京而发愁时，此案峰回路转的第一位贵人出现了，这就是夏同善。

夏同善是浙江余杭（史稿等记为仁和）人，幼而笃孝，早年母亲去世，哀毁异常，长大后事继母如亲生。1856 年进士，选翰林院编修，充日讲起居注官，同治小皇帝好冶游，（《清史稿》记车架将幸惇亲王府，召集梨园）一般亲贵都不敢谏言，夏同善上书痛陈四不安，两宫开始重视汉大臣。同治十年，夏同善以兵部侍郎兼署刑部，多次主持考试。这次丁忧期满，回京任职，恰巧胡庆余堂老板胡雪岩为他饯行，让胡雪岩的幕友吴以同作陪，而吴以同与杨乃武是同科举人，席间谈及杨乃武为人正派，此次被冤，已经命悬一线。此案不仅是两条人命，更关系两浙士林声誉。夏同善说：两条人命也不是小事，如有冤屈，回京后一定相机进言。

吴以同又把杨家准备冒死二次进京上告的情况告诉了胡雪岩。胡雪岩深表同情，在吴以同的安排下，杨淑英与詹氏拜访了胡雪岩并陈述冤情，胡雪岩立即拿出纹银二百两，作为杨家进京告状的路费和在京的生活花销。

经费有了着落，杨淑英又两次入狱，同弟弟商量这次进京告状的细节。杨乃武告诉姐姐，在杭州先找他的好朋友，也是同科举人汪树屏，他为人仗义，肯说话，他的祖父在京做过大学士，京城有不少世交，他的兄长汪树棠也是京官，拜访他们时，一定要把诉状带上，让他们知道案情的曲折。第二个要找的人就是夏同善的堂弟夏缙川，他是武举，为人仗义疏财，如果他出面找他的堂兄夏同善，再由夏同善出面说话，京控就可能获准。

4. 狱中授机宜

以往帮他人打官司的经历也积累了一些经验，杨乃武告诉姐姐，京控状一定要多抄几份，除了分别投送有关衙门外，还要分送给在京的同乡，让他们知道案情。杨淑英拿到弟弟的京控状，立即去找杭州的汪树屏和夏缙川，两人分别给在京的汪树棠、夏同善写了信。

有了第一次教训，第二次进京，由詹氏和杨淑英一同去，找来杨乃武的姨表弟姚士法做抱告，因时间紧迫，于同治十三年九月初八日从杭州动身，在上海乘轮船，十八日到京，二十日在都察院和步军统领这两大衙门同时递呈。

这次京控有了较大的进展，以詹氏为原告，为丈夫蒙受不白之冤而申诉，主要是葛毕氏诬陷，该县刑逼招认，以前在本省控告，以及在都察院控告，皆含糊结案。都察院奏将皇帝意旨，并将原呈报皇帝御览。《申报》刊载了这次詹氏告状的原呈。告状的题由很重要：无辜惨罹死罪，复审仍存锻炼，沥诉沉冤，请交刑部彻底根究。起始陈述了杨乃武之所以被葛毕氏诬陷的原因，并说在余杭县衙对质时，葛毕氏供称并非杨乃武谋害，因用刑不敢吐实。案件到杭州府时，夹棍、踏杠、跪练、天平架，用各种酷刑，使得杨乃武气绝复苏不下十几次，按照葛毕氏所供编造供词，逼令供认，因杨乃武识字，不让他看，当他昏厥时，将一指头染墨，盖印供状，作为亲供确据。以下提出审理过程中的八大"不可解"：

一是葛毕氏在县呈与府供明显不同。在县没有指实，在府指实，如果诬攀报复，应在县而不应在府。

二是情理不通。倘杨乃武与葛毕氏通奸，何以令葛毕氏迁居？岂有先携带砒霜在身，再前往商谋之理？而如果恋奸，又怎有尚未受刑就诬攀之理？

三是时间不符。杭州府定案时以葛毕氏所供八月二十四日两人调笑被她丈夫责打，实际上杨乃武八月在省参加乡试，月底才回到余杭，岂能分身有术？据访，这一天，葛毕氏与余杭县里书何春芳有私情，被葛品连发觉并殴打。当天葛家门前有盂兰盆会，这件事邻里共见共闻。钱坦称十月初三在他的药铺买砒霜，葛毕氏供初五日交给她，而事实是九月十五日杨乃武中举即进省办理各事，十月初二晚雇船往南乡参加定于初四举行的岳父家除灵、立继事宜，初六才办理完回到家，詹宅亲友共见并递公呈给知县。

四是最关键的证人钱坦为何不让他当面与杨乃武对质，而且自县具结后不再到府。

第五，最有力的是杨乃武身有暗记，如果葛毕氏与其通奸，定必晓得，一问即知，因已向府、省各衙门提出此项，但却不问葛毕氏。而审问案情的官员却问杨乃武的夫人，"你丈夫的暗记在何处"。难道不是要向葛毕氏告知？其他包括葛品连的母亲复审时说并不晓得杨乃武谋害的事，以及邻证王心培所供并不晓得葛品连撞见杨乃武之事，这些都是在过堂时所说，夫人听到的。

呈词最后说，以上情况，本想于复审时一一剖诉，但问官不容置辩，总以案已具题，各顾考成，不肯再为翻案。考虑到此案再由本省审讯，势必回护以往，仍照原审结案，不过让我的丈夫与本人又遭受一番酷刑，沉冤最终无法昭雪。现在我、叶杨氏以及我的两个孩子，均被羁押公所，无从呼吁，不得已抄呈本县通详原文，叩求青天恩准具奏，请旨提交刑部审讯。

这次进京告状还是起了一定的作用，不像上次，由刑部直接咨回浙江省，属于平行的工作关系，这次皇帝下旨，如果不认真审理，就是欺君之罪。但可惜的是，尽管是谕旨，仍将案件交浙江巡抚督同臬司审理。

第四讲

凌迟定案

1. 两知府复审

浙江巡抚杨昌浚于同治十三年十月接到皇帝的复审谕旨后，没有像上次那样交杭州知府陈鲁审讯。因皇帝下旨的案件，一般由巡抚督饬按察使审理，而此时按察使蒯贺荪暴病身亡，杨昌浚于是委派刚刚到任的浙江湖州知府锡光以及绍兴知府龚嘉俊、富阳知县许嘉德、黄岩知县陈宝善等共同审理。

旧时代并没有严格的分类审判制度，但涉及个人隐私尤其是奸情之类案件，仍不公开审理。这次审理据报道，严密异常，先在水利厅衙门复审四次，以两位知府为主审官，据说，龚知府在接案时与杨巡抚有言在先：此案如果认真审问，自当竭尽全力；如果不许翻案，下官龚某不敢承审。巡抚称尽心审理。因此，这次复审与以前历次用酷刑不同，完全没有动刑，也没有喊堂威，并让杨乃武等照实直说。

杨乃武知道是家人二次进京告状起了作用，就全部翻供，不但否定了与毕秀姑通奸之事，更没有买药，还说钱宝生的名字也是在严刑之下胡乱说的。还说因揭露刘知县在仓前镇钱粮舞弊的事，得罪了官吏，因此遭人陷害。葛毕氏不但翻供，还供出刘知县之子刘子翰奸污、县书何春芳调戏及阮桂金教供等情，还说，"以前刘大老爷叫妇人一口咬定杨乃武，便可免我死罪；妇人因与杨某向来有嫌怨，于是仇攀。现在妇人自知万无生理，何苦害人，反结来世冤仇，因此翻供"。待问何人毒害时，秀姑只讲刘公子强暴她的事，使得问官瞠目结舌。其他尸亲、邻证都照实供出。湖州知府锡光和绍兴知府龚嘉俊两位主审，分头录供，各不告说，也不相互阅看，共审理了两个多月，有十几堂，几乎完全一致。

2. "赖婚"透视秀姑对婚姻的不满

此次复审如果说有进展，就是秀姑说出了她何以仇攀杨乃武的原因，这在《申报》的即时报道，特别是档案中也有记载。秀姑解释说，她最初订婚，完全是双方母亲所定，当时年幼，后来对比她大十多岁的这桩婚事不满意，想拼死退婚，而杨乃武出来调解，她才勉强答应了，想自己一生，都是杨乃武铸就，因此怀恨诬攀。

值得注意的是，以詹氏名义出呈的第二次京控状，起始就讲杨乃武与秀姑"结怨"的由来，其中"赖婚"的事非常醒目：先是葛毕氏许葛品连为妻，继欲赖婚。葛品连是邻里，恳请杨乃武理论，始得完娶，葛毕氏已怀恨。租住后，葛毕氏嫌葛品连家贫年大，时有诟语；葛毕氏家常有本县差役及粮书何春芳等往来，踪迹可疑。杨乃武曾嘱咐葛品连劝他的妻子，葛品连直接用杨乃武的话，痛加训责，葛毕氏更加怀恨。后来杨乃武让葛毕氏一家搬出，其迟迟不搬，杨乃武于是找到地保杨仁，押令迁移，葛毕氏更加怨恨。

这段话是公开由申报登载的，抄自邸报，完全可信。

但后来在胡瑞澜上奏给朝廷的招册中，因为要坐实杨乃武与毕秀姑之间的通奸、谋害事，故在杨乃武和毕秀姑的供词中，都没有见到"赖婚"一事，但不知是疏忽，还是其他原因，在杨乃武的妻子詹氏的供词中讲到租住杨家房子时说，"她也没提过从前有赖婚的事"。这极可能是为了回应她以前京控状所说是乌有之事，而留下的一笔。

3. 钦派不是钦差

以两位知府为主审的这次复审，已经历时两个多月了，是两人没有上报，还是杨昌浚故意拖延？已经找不到确切的依据了。杨乃武、毕秀姑已经全部翻案，此案似乎峰回路转，柳暗花明。但恰在此时，19岁的同治皇帝病死，幼年的载湉于次年（1875年）正月继位，改元光绪。新皇帝的即位给杨乃武案增加了更多的变数。是祸，还是福？这不但牵动着杨家人的心弦，也让所有关注此案的人绷紧了神经。四个月复审命案的期限已过，直到光绪元年四月，时间已过去了半年，仍不见巡抚奏报此案。一时间，朝野上下，议论纷纷。

光绪元年四月二十四日，刑科给事中王书瑞上奏，提出两点：一是此案因为已经杨巡抚定拟具题，浙江省原问官怕得处分，必将曲意回护，岂肯再为昭雪？二是此案迟迟不上报，意在迁延时日，希冀杨、毕等主犯一死，即可含糊结案。因此请求钦派大臣前往查办。清廷这次的反应非常之快，当天皇帝即发下谕旨，将此案交浙江学政胡瑞澜查办。军机处的动作也非常迅速，当天就将谕旨寄送给胡瑞澜和杨昌浚，并将王书瑞原折和杨乃武妻子詹氏的呈词一同抄出交胡瑞澜阅看。而据最接近事实真相的《余杭大狱记》所载，是因光绪皇帝的师傅夏同善秘密奏请，遂有此次改令学政审理。

按照以往惯例，通常这种大案，出现明显的物议沸腾时，要么派钦差，要么异地审理，或者改由总督审理。但这次却采取折中的办法，是钦派不是钦差。通常钦差审案，是指皇帝指定刑部堂官，带同司员若干，组成独立的专案组，或会同地方总督、巡抚，或独立审案。二者最关键的区别在于，钦差大臣独立于地方封疆大吏，自己奏派司员等人手。本质是不受地方大员的干预。

而胡瑞澜却不具有这样的身份。第一，表面上看，学政官员是另外的系统，但实际却受巡抚挟制，因为每年年终按例都要由巡抚密报学政情况，以此定去留，因此也可视为是巡抚属官。第二，胡瑞澜自道光末年起，直到光绪元年接案时止，除同治八、九年在中央大理寺、都察院等任职外，任学政的时间长达二十余年，这是非常少见的。在几十年的为政生涯中，档案中没有见到他审理案件的经历，更没有在地方任督抚的经历。这两点，使胡瑞澜自己都感到十分为难，因此接旨后上奏请派大员查办，但清廷不准，随即其推托正在办理考试事宜，后来奏准，选定宁波知府边葆诚、嘉兴知县罗子森、候补知县顾德恒、龚世潼四人参与审讯。认为这四人均非原审官员，没必要偏袒任何一方。但很显然，这四人无一不是巡抚的下属。

果然，胡瑞澜还没开始审案子，五月十九日，杨昌浚就上疏，除为自己迟迟没有完成复审进行辩解外，主要为该案定调子，而且不乏指责之词。六月初二日奏到。杨昌浚主要提出两点理由：首先，折狱以犯供为断，而不能凭道路传闻之词；勘案以初情为真，而不必信事后诪张之语，如果定案之始实已究问明白，讵容成招以后亲属捏诉图翻，律所以有狱囚已招伏罪，亲属妄诉杖百之条也，据供定谳，既历办如斯，惟执法不挠，斯刑章可肃。本案不但各犯供认不讳，且委员郑改装易服，查访无异，遂于同治十二年十二月二十日具题，以下辩驳杨乃武家人两次京控，审理无误，关于第二次京控，说杨、毕虽然不吐实情，但药店钱坦供词始终如一，并供出杨乃武家属常到药店中滋闹，逼令翻供等情。变幻反复，正在研求实情等等。因值封印，又有国丧，加之知府回郡办考，一时未能审定，上奏者非轻信浮言，即仅凭杨詹氏呈内一面之词，等等。其次，杨昌浚还不忘向胡瑞澜威逼利诱，说此案已反复审过多次，不宜轻易更改，如要改，也会引起士林不满，地方官今后也难做事。士林不满，对胡瑞澜这位学政而言，无疑是威胁。而边葆诚这位主审，也是杨巡抚推荐的，他是刘锡彤的姻亲，是杨昌浚的同乡兼下属，结果可想而知。所以法律特别重视程序正义，没有程序正义，就不会有实质正义。

4. 七审七判

胡瑞澜接办案子初始，就感到此案十分复杂，他最初也想公正审理，而砒霜没有过付之人，最为关键。杨家京控中也反复提出何以不让所谓的钱坦对质的问题。于是，他派候补知县顾某到余杭密访。刘锡彤密切关注此案的一举一动，早就准备了大把的银子，向顾知县行贿。这样的私访结果可知。

七月十八日，胡瑞澜上奏主题是犯供狡展，难以定谳，先陈大概情形，但整个基调一同杨昌浚。只是特别提出：葛毕氏坚称并无通奸，不知毒从何来，而杨乃武以葛毕氏初供不足为凭，饰词狡展。认为奸情这类事情颇为隐秘，因此必须从葛毕氏根究，言外之意是只有动刑。提出请旨添派大员会同审讯。

胡瑞澜的初次奏报，于八月初一奉到上谕，务将葛品连是否杨乃武起意谋毙，研讯明确。皇帝上谕通过军机处寄达后，到十月初三日审理完毕，并上奏定谳，同时将全部成招呈送，包括所有犯证等供招造册开列。招册面封加盖浙江学政朱印，题为浙江督学部院呈送，三办余杭民妇葛毕氏毒毙一案供招。

刑部、军机处的这次奏折提出：供仍狡展，连日熬审，始据杨乃武、葛毕氏供认因奸谋毒各情。新进展体现在：秀姑租住杨家房子后的当年九月二十八日，即杨乃武前妻死去 20 天后，尚未续娶时，两人成奸。以后得便续奸。搬出后得知八月二十四日秀姑受丈夫毒打，杨乃武前去看望，见家有人就没有进去。九月二十日前往探望，问起剪发缘由，秀姑告诉他想出家做尼姑，杨乃武对她说：尼姑不好做，你就嫁了我吧，商定谋死。二是将买药时间改为十月初二日，带在身上到南乡办理岳父除灵立继的事，初五回来后交给秀姑。对刘锡彤之子刘子翰强奸，何春芳调戏，一概不提，说没有刘子翰这个人。其他包括判拟完全照杨昌浚所奏，毕秀姑仍判凌迟处死，杨乃武斩立决。

十月十五日胡瑞澜的上奏抵达，皇帝当天发谕旨：兹据该侍郎奏称，反复讯究，此案实系杨乃武因奸起意，令葛毕氏将伊夫葛品连毒毙，供证佥同，案无遁饰，按律定拟，并声明此案原拟罪名，查核并无出入等语。著刑部速议具奏。另片奏请饬部通行各省，嗣后办理案件，有原报与现讯不符者，仍照叙原呈，再将到案究出实情，明晰声叙，以归核实，著刑部一并议奏。

胡瑞澜是如何让葛毕氏开口说话的？据九月十七日刊载在《申报》上题为"审案确闻"载：此次胡瑞澜审讯，唯一没有对杨乃武动刑，葛毕氏虽受各种酷刑，仍咬定牙关，没有供词。八月初一日上谕到后，提审葛毕氏，刑讯至六昼夜，铁链陷入膝骨几次抽出，但仍未取得丝毫口供。期间，秀姑投缳喝药多达十多次，因防守严密，每次都救活。胡瑞澜以其熬刑不供，于是提审杨乃武，但终不得吐实，掌嘴四十后，对他说：其余罪犯早已画供，葛毕氏也于今日供出因奸谋夫实情，你现在既然不肯招认，遂下令将夹棍、铁链、太平架等摆列于前。在清中叶以后，法律允许对江洋大盗审讯时用这些酷刑。杨乃武伏地而哭，说：乃武是读书之人，非比江湖大盗，惯能熬受严刑。大人命取刑具到前，乃武已肝胆俱裂，既然如此，请大人着刑房开出供词，杨某当照供承认画供，断不敢图申冤枉，添受活时苦痛也。胡瑞澜闻言而退。

据杨乃武女儿回忆，第二次提审，就用酷刑，最后一堂两腿都被夹折，秀姑也十指拶脱，最后一堂用铜丝穿入乳头，两人熬刑不过，仍诬服。画供时气息奄奄，神志模糊，无法自己画供，由两旁差役执手而画。秀姑也是如此。画押后，杨乃武、秀姑彻底绝望，在狱中作联自挽：举人变犯人，斯文扫地；学台充刑台，乃武归天。至此，自余杭县、杭州府到按察使、巡抚（审三次，两次为京控审），再到学政，该案七审，最终仍以杨乃武、葛毕氏诬服宣告结束。

5. 刘公子神秘失踪

自本案发生之后，在杨乃武和秀姑的供词中，一再有刘公子出现，而胡瑞澜却予以回避。但招册中仍留下记载。据阮德即阮桂金的弟弟，余杭县的捕役交代：杨乃武告发知县长子刘子翰，由小的传谕，让他出洋钱了结，是饰词耸听的，本官长子早于这年四月回籍，他叫刘海升，并不叫刘子翰。而据《申报》元年三月五日报道：因秀姑复审时坚持说出刘公子强暴之事，余杭县衙署非常骇异，刘公子随即跑出，并携带金银细软，装载而行，不知去向。后得知此人倾舟而死，并所有资财全部沉入海底。清代野记也记载刘子翰投海而死。最详尽的是我国台湾地区清史研究者、著名作家高阳，他说，县令之子刘海升本是此案关键人物，但将杨乃武牵进后，特别是复审时秀姑咬出强暴事后，刘海升为避风头，遂回盐山原籍。同治十三年二月搭上运漕的福星号轮船，由吴淞口出海，直放天津。二月二十七日出发，船到佘山海面，忽然起雾，福星号当即一边改慢车，一边放气筒，且鸣且行，走了一夜，第二天上午十点多，到黑水洋时，被怡和洋行的澳顺轮拦腰猛撞，顷刻告沉，全船乘客及船员共 120 人，被救不到一半。海运委员蒯光烈及刘公子都在遇难之列。而钦派大臣胡瑞澜却置此于不顾，翁同龢正是发现此一重要破绽，此是后话。

胡瑞澜虽然不是钦差，但是奉特旨审理此案，杨家也已两次京控，因此可以说，案件到这里，是杨家自家所能做到的都已经做了。能否翻案，不是在地方层面上，而是在更高的层面上，即中央层面。

第五讲

舆论动员

　　胡瑞澜的上奏于十月十五日到达，皇帝当天即发下谕旨：据该侍郎奏称，反复讯究，此案实系杨乃武因奸起意，令葛毕氏将伊夫葛品连毒毙，供证佥同，案无遁饰，按律定拟，并声明此案原拟罪名，查核并无出入等语。著刑部速议具奏。

　　皇帝谕旨已下，而且圣旨意思很清楚，案情没有什么疑问。通常来说，这是该案的最后一道例定程序，刑部只是照拟罪名而已。

　　自同治十二年十月案发，此案从余杭县、杭州府到按察使、巡抚（审三次，两次为京控审），最后到钦派学政胡瑞澜奉旨审案，七审定谳，从法律程序讲，该案几乎没有转圜的可能。而杨家已两次京控，能做的都已经做了。

　　1. 纠错为何这样难？

　　这样一个案件，为什么怎么都无法翻案呢？这里面到底有怎样的根本原因？

今天，证据的合法性（合法证据）已成为常识，有合法性才有客观性，这也是共识。而对于严刑逼供，清代法律虽有限制，实际却大开方便之门。《故禁故勘平人》律例明确规定：

> 凡问刑各衙门一切刑具，除例载夹棍、拶指、枷号、竹板，遵照题定尺寸式样，官为印烙颁发外，其拧耳、跪链、压膝、掌责等刑，准其照常行用。

又规定：

> 强窃盗人命，及情罪重大案件正犯，及干连有罪人犯，或证据已明，再三详究，不吐实情，或先已招认明白，后竟改供者，准夹讯外，其别项小事，概不许滥用夹棍。

这两个地方需要解释一下含义。前一条规定主要适用于一般案件，即一般案件不得用法外之刑具。但后一种则不然，因为理论上讲，强盗耐刑，一般刑具对其不起威慑作用，因而允许动用更酷烈的刑具。

这就是说，在今天看来是不合法的证据，但在清代是合法的。这是出现大量冤假错案的重要原因。

其次，除了证据方面的原因外，清朝在司法审判中所通行的潜规则也有很大的原因。

至于说到历经七审的杨乃武案何以每次都顺利过关，一直没有得到纠正，原因何在？清朝在司法审判中，有通行的潜规则，其中"四救四不救"，即救生不救死、救旧不救新、救大不救小、救官不救民。据纪昀即纪晓岚讲，这些潜规则十分普遍，特别是"救官不救民"，意思是说，当一般民众与官员打官司时，首先要救官，同时，当百姓不服判决上告尤其是到京城告状时，更要救官，因为一旦平反，原来审判的各级官员都要受到处罚，祸福不可预测。相反，百姓冤屈是否得到伸张，就不在考虑之列了。

按照清代的法律程序，每一个审级都要对下级审判进行复审，因此也要对其真实性、适用法律是否准确无误做出裁决。如果没有审理清楚，适用法律不当，出现错误，要负连带责任。

结合本案，我们看相关法律规定，主要集中在大清律"官司出入人罪"。概括说来，法律有三条：

第一，凡官司故出入人罪，全出全入者，以全罪论。（谓官吏因受人财，及法外用刑，而故加以罪，故出脱之者，并坐官吏以全罪）若（于罪不至全入，但）增轻作重，（于罪不至全出，但）减重作轻，以所增减论。致死者，坐以死罪。

第二，承审官改造口供，故行出入者，革职。故入死罪已决者，抵以死罪。其草率定案，证据无凭，枉坐人罪者，亦革职。

擅自删改初次供招，违者，依改造口供，故行出入例议处。

第三，州县承审逆伦罪关凌迟重案，如有故入、失入，除业经定罪招解者，分别已决、未决，按律定拟外，其虽未招解，业已定供通详，经上司提审平反，究明故入、失入，各照本律减一等问拟。

从法律规定看，已经几乎没有漏洞，但实践中又绝非如此。

这就是说，越是重案，越难以平反。为什么？第一，重案因审级多，牵连层级多；第二，重案因刑罚重，一旦平反，牵连层级高而且刑罚也重。就本案而言，一旦平反，官员受到的远非革职这样的行政最高处罚就能了事，要承担刑事责任。

因此，在这样的情况下，杨乃武案如果想指望通过一般的途径进行翻案，的确是难比登天。

但不可忽略的是，杨乃武的举人身份所能动员的社会力量，远非平民百姓可比。杨乃武是一个36岁的新科举人，他敢于与官府斗的桀骜不驯的性格，既是铸成此次大难的原因之一，但也因此博得了正直者的同情和赞许。当案发之初，浙江人尤其是那些没有考中的秀才，都认为一个新科举人竟做出如此丧尽天良之事，唯恐他成为天网之下的漏鱼，希望速正典刑。

被称为"晚清三大日记"之一的主人李慈铭在《越缦堂日记》中记载了从案发到结案的全过程。他说，自同治十二年十月案发，传到京师，凡浙江的官吏及士大夫，无一不以为杨乃武该死。友人中如谭、陈、杨等从杭州入京的都极口骂杨乃武，并讲他的诸多恶行，即使我也切齿痛恨，唯恐其漏刑，或不速死也。但当案情的真相随后被披露得越来越多时，更多的人开始站在了杨乃武一边。当杨乃武的家人第二次京控时，不少有影响的人物开始为之奔走呼号，形势已经发生变化。

2. 舆论动员

那么在这样的危机情况下，法律之路走不通，还有其他的途径吗？覆盆之下就没有人能振臂一呼吗？出乎所有人意料的是，当时的新兴媒体在整个案件中发挥了至关重要的作用，甚至可以说，在一定程度上改变了整个案件的走势。

近代中国存在时间最长、也颇有影响的报纸《申报》，当时刚创刊不久，由于是英商美查创办，报馆又设于租界，受治外法权的保护。同治十二年十一月十八日，即该案案发一个月后，《申报》第一次对该案做了长篇报道。与绝大多数最初不明真相的人一样，第一次报道介绍了风流才子与不守妇道的俏佳人如何勾搭成奸、合谋毒死亲夫的传闻，报道的角度更多的是出于猎奇。但随着案件的审理及不同信息的传出，该报随即将重点放到案件本身，连续披露疑点，特别是审案过程中对杨乃武等人刑讯逼供的情况。它还公开刊载了杨乃武的妻子詹氏第二次到京城鸣冤告状的原呈底稿，由于这份呈词是出自杨乃武之手，其中提出的"八大疑点"，一时影响甚大。也给审案者带来很大压力，以至于浙江官方要求查禁该报馆。

由于《申报》发行量大，流传面广，一系列报道使原来仅限于浙江本省人和部分官员所知的案情公诸天下，引起了社会的广泛关注。杨乃武案在长达三年多的漫长审理过程中，《申报》一直追踪报道。除了及时转载《京报》有关此案的上谕、奏折等公文外，还发表了40多篇报道和评论，为揭露该案的真相起到了重要作用。

3. 言官上书

而就在《申报》追踪案件真相的同时，朝廷中负有监察职责的言官也没有放弃。上谕发布的第三天，即十月十八日，户科给事中边宝泉上奏，这也是案发以来最有分量、最能揭示问题实质的一份奏折。此人进士出身，向以敢言著称，曾弹劾名臣刘坤一等人。

上奏提出四大问题：

第一，胡瑞澜与杨昌浚私交甚好，影响了审案的公正性。此案外间议论纷纷，都说胡瑞澜与杨昌浚向来关系甚好，办理此案，外示严厉，中存偏袒，对案中关键并不详究，势必仍照原定罪名拟结。今观胡瑞澜所奏，果然与此前传闻无异，说明物议并非空穴来风。

第二，官官相护的积习，使得本案无法昭雪。本案杨乃武是否冤抑，原审官是否回护，非臣所知，而近来各省已经办成之案，虽经京控而发交原省查办，能够平反的百不得一，久已相沿成习。

第三，胡瑞澜的身份无法履行职责。胡瑞澜是以学政办理同省重案，所派承审之人，不过府州县官，与钦派大臣随带司员不同，地方官的升沉，操纵在督抚，仰承意旨视为故常，一旦特发公论，以疑难大案引为己责，而致使亲临上司干失入之重咎，即便愚者不肯出此。

第四，胡瑞澜没有办案经验。他一直做学臣，从没有办理过刑名事件，受人牵制，不能平反，本在意料之中。

最后，边宝泉请求将案件提交刑部审理。朝廷虽下令刑部速议，只是纸上供招，弥缝必极周密，恐怕该部无从指驳。请将全案卷宗、人证提交刑部审讯，伸国法而破群疑，于吏治民生均有裨益，非只为杨乃武一人昭雪。

4. 清廷驳回

应该说，边宝泉的上奏很有分量，但可惜的是，他的请求没有被采纳。清廷当即表态：朝廷为慎重人命起见，特派胡瑞澜秉公研究，现在案无遁饰，如有弥缝之处，刑部不难悉心推究。若外省案件，纷纷提交刑部，向亦无此政体。所请著毋庸议。此案仍著刑部速议具奏。

清廷的理由也非常充分，如果一遇到疑难案件，就提交刑部审办，地方官所司何事？没有这样的政体。如此看来，舆论、监察的力量仍不足以改变本案，杨乃武和毕秀姑的命运又离地狱近了一步。现在，似乎华山只有一条路，那就是特殊人物的出现，足以影响甚至改变皇帝的决定。就在案件看似没有希望，杨毕二人就要命丧黄泉的时候，一个人物的出现却完全改变了

案件原本的走向，这个人是谁？为什么有着如此大的能量？他
究竟又做了些什么？

请看下讲：惊天逆转。

第六讲

惊天逆转

之前讲到皇帝最后作了一个批示。在皇帝特有的语言中，每个字都含有特殊的含义。"著刑部速议具奏"七个大字，就像催命符一样，把杨乃武和毕秀姑赶到了鬼门关。"速议具奏"即是尽快结案的另一种表述。

1. 帝师翁同龢斡旋

我一直认为，在行政主导司法，或者行政兼理司法的背景下，一个案件的审理，特别是大案重案，实际上不是严格意义上的法律审判，而更像是行政权力的裁决。因此，在公开的法律较量背后，必须有重量级人物的介入，足以影响甚至改变皇帝的决定，一个案件才能起死回生，发生惊天逆转。

自该案的信息流传到京城之始，就引起了一个重要人物的注意，不夸张地说，正是因为此人的介入，以其特有的身份，使得该案发生了惊天逆转。这个人物就是两朝帝师、在近代中

国特别是戊戌变法中起到关键作用的翁同龢。翁同龢是江苏常
熟人，咸丰六年状元，同治、光绪两帝的师傅，在朝中的地位
举足轻重。在谕旨驳回边宝泉奏请的当天，作为内阁学士署理
刑部侍郎的翁同龢感到事态严重，他知道"速议"二字从皇帝
口中发出意味着什么。他首先要做的，就是暂时把刑部复议的
折子压下来，将"速议"变成"缓议"，再找破绽，将胡瑞澜
的定谳驳回。

第二天，翁同龢令浙江司将胡瑞澜的原奏交给他，但遭到
拒绝，堂堂的刑部长官连原奏都不许阅看，且有圣旨在，他怒
不可遏，斥责浙江司的人员，浙江司不得已，才将胡瑞澜的奏
折交给他。翁同龢详细阅读了包括18人在内的全部招册，虽感
到"历历如绘，虽皋陶听之无疑"，似乎连上古法官皋陶来了都
提不出疑问，但他还是提出二大疑点：

第一，葛家这样为人打工的家庭，何以有巨款？葛品连为
人做佣工，娶葛毕氏时用洋钱八十元，折奁六十元，一个豆腐
店的帮工，怎么会有如此巨款？（洋钱就是银元）葛品连患流火
这样的皮毛之类疾病，就用制钱一千买西洋参、桂圆，也不合
常理。

第二，杨家京控时称知县之子与葛毕氏往来，但查阅原控，
并没有这句话，只有少爷索钱而已。现在结案时只根据衙役的
说辞，知县之子早已回籍，并没有知县的亲供，是疏忽还是有
意回避？他将这两个疑点告诉刑部尚书桑春荣，但尚书认为这
是本案的枝节问题，无关判拟。翁同龢仍不放弃，第二天到刑

部衙署办公后，又仔细阅读全案供招，发现与原揭帖不同之处竟有四处，而供内情节互相矛盾的有一处，可疑的有二处，有疏漏的一处，全部用笔签出。

翁同龢又与刑部另一位侍郎商量，一定缓几天再上奏。下朝后，翁同龢拜访了原兼署刑部侍郎的夏同善，恰巧在夏同善的家里遇到了吴仲愚（以同），吴以同也极力为杨乃武称冤。我们在前面交代过，吴以同是杨乃武的同年，夏同善以兵部侍郎丁忧期满回京前，胡雪岩为他饯行，吴以同作为胡雪岩的幕友当时作陪，极力为杨乃武称冤。此刻在京城，三人相遇，翁同龢感到有了希望，回来后查检刑部例案，为杨乃武感到不平，肝气上升，竟然一夜没有睡着。

按照惯例，刑部上奏由汉尚书主持，拿出主导意见，交司员草拟，最后由秋审处拟定，尚书画签，因此桑尚书的态度至关重要。第二天翁同龢就找桑春荣多次商量，辩论许久，在翁同龢的极力争取下，桑尚书同意将案子压搁下来，约好二十六日以前绝对不能入奏，缓数日再商量办法。因为一旦上奏，谕旨批下来，就万无转圜的可能了。

在此期间，翁同龢一再催促将杨乃武家人两次京控的原呈抄出来，让他参阅。从他的日记可知，多日来，他一直为此奔波。十月二十三日，翁同龢写信托一位侍郎，将杨乃武妻子在步军统领衙门京控的原呈，以及折底抄出给他，仔细阅读后发现，自己所签出的几条，与原呈数条完全吻合。接下来一连几天，他又说服尚书，刑部奏疏最终采纳了他的意见，驳回重审，只是措辞非常委婉。到了三十日，距离"速议具奏"的上谕下发，整整过了十一天，刑部上奏。

2. 刑部驳回

这是异常重要的一步，因为刑部用的是驳文，而不是其他。我们看清代留存的很多驳案，就是刑部依据《大清律例》对判拟不合以及事实不清的驳文。驳文为该案争取了时间，因为重新审理，少则也要两个月，多则四个月。

刑部采纳了翁同龢的意见而形成的上奏，没有对胡瑞澜所拟的罪名提出异议，但指出，巡抚杨昌浚原题与学政胡瑞澜复讯供招，有歧异之处甚多，而关键之处有四：

第一，对杨乃武定罪的八月二十四日，原题与招册不同。巡抚原题这一天杨乃武进入葛品连家，被葛品连盘出奸情，而查阅胡学政呈报的招册，以及杨乃武的供词，杨乃武并未进去，两相矛盾。

第二，关于杨乃武购买砒霜的时间，杨乃武原供是十月初三日，到胡学政复讯时，供词改为初二日，买砒霜日期事关重大，不容含混。

第三，卖砒霜药铺的过付人钱坦，是定案要证，为什么仅在本县传讯过一次？以后知府为什么没有再提讯？是否与杨乃武当面对质，没有叙明。

第四，杨乃武告知县刘锡彤之子刘子翰令差役阮德让他出钱了结，刘子翰与刘海升是否为同一人？为何未取得知县刘锡彤的亲供？

以上原审与复审供词情节不同，并未说明。请旨饬下学政，将以上歧异之处，再行讯取具奏，再由臣部核议。

这份奏疏由刑部八位堂官签署，包括满汉尚书、侍郎。翁同龢的名字署在最后一位。刑部的这个上奏当天就得到朝廷的批准，并通过内阁明发上谕：著胡瑞澜按照刑部所指各节，因何歧异之处逐一研究明确，不得稍涉含糊，意图迁就，定拟具奏。

这样，案子又回到胡瑞澜的手中。算起来，这次是第八审。

采取什么渠道、用什么方式发布朝廷的旨意，颇有深意。这次是通过内阁明发上谕，不是用军机处寄送的方式，这就是将此事公诸天下了，因此，胡学政的再审也必将置于全国舆论的监督之下。

3. 联名上书

杨家人再次展开了营救活动。杨乃武的姐姐牢牢记住杨乃武在狱中告诉她的话，要找他平生最要好的三个人帮助，特别是夏同善。夏同善其人，前面已有介绍，此人以敢讲真话著称，史书对他的评价很高，说慈禧等对汉官重视，就从夏同善开始。此次还是夏同善帮了大忙，他介绍杨乃武的姐姐拜访了浙江籍在京城做官的人，计三十多人。

夏同善本人的身份也在此间发生了重要变化，光绪元年十二月十二日，他和翁同龢同日接到了慈禧的懿旨：派两人为皇帝授读，即成为皇帝的老师，而仅仅隔了一天，两人在养心殿一同接受了两宫皇太后的面谕。也就在同一天，即十二月十四日，浙江京官的联名上书，即请将案件提交刑部审理的上书，送达皇太后手中。

翁同龢在这一天的日记里写道：是日叫起独迟，与夏侍郎同召对，在东暖阁，垂帘。仍将前意一一陈说，皇太后挥涕不止，臣亦不禁感恸，语极多，不悉记，三刻许出。大略责成臣同龢尽心竭力，济此艰难，并谕臣一人授书，夏同善承值写仿等事，亦问刑部事。

我们无法确切得知，当天翁同龢、夏同善两位作为刑部侍郎的帝师，在慈禧面前说了什么，但可以肯定，他们谈到了杨乃武案，所谓"亦问刑部事"，包含很多意思，也可以理解为，以前慈禧就很关注杨乃武这件案子。而浙江京官的联名上书同一天送达，是两位侍郎的有意安排，还是巧合，也不能做更多推断。

在公呈上签名的有18位，除发起者内阁中书汪树屏等人外，其中不少人当时或后来很有名，如徐世昌。他们找余杭人做抱告，向都察院呈控。

公呈针对刑部的四点指驳，通过调查所闻，使得案件的隐情逐渐浮出水面。

第一，八月二十四日，对于杨乃武、毕秀姑而言，曾经是个最晦气的日子，但此时却成为他们洗脱罪名的一天。公呈指出：这一天，余杭县衙前设盂兰会，观者很多，粮书何春芳与葛毕氏调笑，经葛品连撞见，将其妻子责打，道路皆知，本与杨乃武无干，原题捏造供词，复审时避实就虚，据虚供定案。

第二，关于卖砒霜日期，十月初三改为初二，公呈说：知县骗得钱坦具结，南乡公呈证明初三杨乃武不在余杭。

第三，公呈中最令人震惊的是，杨乃武的妻子詹氏复讯时没有画供，葛毕氏也没有认供，而葛品连的母亲称她一个人画八个人供，由此可见，送部供招不足凭信。

公呈最后说：学政既然有回护之心，各问官都是巡抚属吏，即便再审，不过但求弥缝歧异，复奏送部之卷洗刷干净，纸上之犯，无口呼冤，刑部从何知其虚实。援引道光四年山西案，同治十二年浙江案，解交刑部审理。

4. 根本转变

当日，清廷采纳了浙江官员的建议，使得本案出现了根本性转折。这也离不开翁同龢、夏同善两人的作用。两宫太后问：此案议论纷纷，到底如何？翁回答：事关逆伦，人命至重，应请饬下巡抚，将棺木、犯证、卷宗解京，听候复验，自然水落石出。杨乃武的女儿回忆说，公禀递上去后，夏同善等多次在太后面前表示，说此案如果不究明实情，浙江恐怕没有一个人读书上进了。在多方奏请下，清廷当即发布上谕：此案即著提交刑部审讯，案内各犯，著杨昌浚派委妥员，沿途小心押解，毋得稍有疏忽。我们无法理解，刚刚否定了的又如何变了主意？一个多月前，还以"无此政体"为由，发布了"所请著毋庸议"堵了回去。现在发生惊天逆转，其中原因，可以肯定，就是因为浙江京官的联名上书，加上翁同龢、夏同善两人的私下进言。

而事实上也是如此。

刑部的驳案上奏在前，浙江的联名书在后，但完全是呼应刑部的意见，而其中能将两者连到一起的只有夏同善和翁同龢。两人的关系非常好，年龄相近，夏同善生于道光十一年（1831年），比翁同龢小一岁，两人同为江南士子，更重要的是，同科及第，翁同龢是咸丰六年的状元，夏同善也是这一年的进士，后来又同为刑部侍郎，同为帝师。从翁同龢的日记看，他与夏同善往来频繁，关系密切。

光绪元年十二月二十四日，胡瑞澜上奏，是对刑部十月三十日所提出疑问的回答。

胡瑞澜称，其开始审理此案时，供词不一，不敢附会巡抚原题，稍涉回护，因原拟罪名并无出入，所以没有将歧异缘由叙明。特别解释了刑部提出的复讯何以与原题不一的几个问题：

第一，关于八月二十四日撞破奸情一事。原奏说八月二十四日被葛品连撞破奸情，复讯说杨乃武并未进房，因而就没有撞破之说。查十二年府讯原卷，十一月初二日，杨、毕有八月二十四日撞破之供，该府据此申详。他的解释是，因为葛品连在租住杨家房子时已经发现妻子与杨乃武的关系不正常，撞破是一个时间，而责打又是一个时间。"责打总为撞获起衅，而撞获非责打之时"。

第二，关于买砒霜日期由初三改为初二的问题。杭州到仓前镇，水程四十里，杨乃武初二午后出城，傍晚买砒霜，船到大东关过夜，初三日清晨到南乡。

第三，关于钱坦没有对质的问题。查此案是由府督县审讯，查原卷，十月二十四日，杨乃武在府供出十月初三买砒霜，该县回余杭，传钱宝生到县，讯供无异，没有提省，京控后传讯多次无异。现在再行传讯，据该县禀报，钱母称其子因病取保回家，十一月十二日病故。

第四，关于邻居说秀姑白天不在家，夜里常听开门声。查府讯原卷，据葛毕氏供出，她迁居后，仍与杨乃武走动奸宿。

第五，关于杨乃武牵告刘公子是否令捕役阮德传谕，令其出洋了结，仍如以往。

有的说慈禧派御史王昕到余杭微服私访，本人没有找到记载，没有采纳。

5. 刘公子其人

所附刘锡彤亲供，也是唯一能够确切获得的刘公子的信息：卑职字翰臣，长子名潮，字海升，前曾随侍任所，同治十年夏间，卑职次孙在署病故，寄枢余杭南湖滨之东岳庙，同治十一年七月，卑职奉调卸事，同治十二年四月初四日卑职饬长子潮由杭寓动身，初五日到余，初六日搬次孙旅柩下船，初七日启程回籍，均为余杭之市集居民所共见。至奉查卑职之子刘子翰是否令民壮阮德传谕令其出洋了结一节，遵查卑职于同治十二年九月奉饬回任，杨乃武犯案事在同治十二年十月，其时卑职长子潮既已搬柩回籍，远隔数千里，何由传谕阮德令其出洋了结。卑职之子并无以子翰命名，卑职署内亦无刘子翰其人。以上情节卑职并无虚饰，可访可查。

胡瑞澜最后说，复讯本可结案，而杨乃武为脱重罪，散播浮言，刁键形势比七月更甚，案情重大，自己虽秉公断案，难免贻人口实。请特派大臣另行复审，或者添派大臣选带刑部司员，赴浙江会同臣一同审讯。

但清廷已经令此案交刑部审理，光绪二年正月初七日，皇帝令将胡瑞澜的奏折交刑部归案讯办。

第七讲

押解疑团

清廷做出的移交刑部审理杨乃武案的决定，可以说是出乎所有人的意料，也让杨乃武和毕秀姑的命运发生了根本性转折。

1. 关键证人钱坦离奇死亡

谕旨中有"案内各犯，著杨昌浚派委妥员，沿途小心押解，毋得稍有疏忽，至干咎戾"。上谕的语气已经非常强硬了，没有用"该抚"字样，这就是所谓的"严旨"了，明显带有训责之意。这也使得杨昌浚大为不满，但皇帝的圣旨他不敢公然违抗，而暗中消弭，做些工作，他却办得到。因此，我们第一个要说的就是本案关键证人钱坦的离奇死亡。

钱坦在当地是有名的"大慈先生"，以往几乎所有的文艺作品对他都是贬损有加。但实际上，他也是一个受害者。真是"人在家中坐，祸从天上来"，"一身入公门，九牛拉不回"。

钱坦虽然得到了刘知县用朱笔出具的"无干谕帖"，但事实上随着此案后来的发展，特别是杨家两次京控后，知县无法保证他能"无干"，而很多事情自他身上可能拨开迷雾。杨家京控以及刑部、言官均以钱坦不出庭对质为词，胡瑞澜遂传钱坦对质，钱坦此时拿出"无干谕帖"已经不起作用了，但躲避是可以的，而刘锡彤的儿子出钱，并再三嘱咐他不可改供，钱坦才上省，但药铺从此关张，而千夫所指，称爱仁堂为"害人堂"。钱坦在省供称：本店从未卖过砒霜，书差教我如此供法，并保证没有他事，不用担心任何事，县主不加拷问。临来省城前，县主亲自对我说，不可翻供，倘若翻供，你必死矣，因而含糊答应。

这时的他恨刘锡彤及门丁入骨，多次声言要将此事真相公之于众，但却忍隐不敢发，还是伙计四处散播刘知县花钱买甘结。但几次审讯，钱坦明确表示，我自甘愿受死，绝不牵累杨乃武。不多时，钱坦死亡。

第一个重要的关键点，就是刘锡彤如何取得"甘结"的。杨家一直说，刘锡彤花了重金收买。后来在杨昌浚为药铺伙计杨小桥所做的供词中，主要是这方面的事，尽管这份假供词是为了证明刘锡彤没有行贿，但又不得不让人有"此地无银三百两"的感觉。据杨小桥供词：三十八岁的他一向在爱仁堂帮伙，他没有看见杨乃武买砒霜。十月二十七日，店主被传唤承认卖砒霜后，他听外人说，是刘县主出了洋钱二百元买嘱钱坦的话，小的埋怨店主何不说初三日不在店中，就可无事，免得拖累。钱坦回说，我一人做事一人当，决不累你。小的因听传言，写就呈子想到知府衙门呈控，后来打听，出钱的事没有实据，不敢呈递。这段话可以说，代表了一般的议论，如果刘锡彤真的采取行贿手段取得甘结，性质就完全不同，是有意为之。

第二，一旦钱坦押解京城，真相自然大白，包括知县在内，各级官员的有意刑求就会暴露，这就不是审办案件的过错问题，而是有意为之。据杨昌浚、胡瑞澜的奏报钱坦是在监病故，而据与钱坦同一监的人说，他是被刘锡彤、陈鲁买通狱卒弄死的，是为了杀人灭口。还有记载是自缢，因为刑部一再指出何以没有将钱坦与杨乃武对质，因此胡瑞澜提审最重要的人证就是他，他恐怕到案时，如果不将实情说出，必定为乡里所不容，但如果讲实情，一定会受到严刑拷讯，故自缢。家人不敢报，怕节外生枝。据钱坦的后人说，钱坦在弥留之际说：我一生清白，地道经商，祈求全家安宁，哪知被无端牵进来，做了违心的具结，事出无奈，真是祸福在天，身不由己。"爱仁堂"也被叫成"害人堂"。

钱坦之死，当时就引起《申报》等注意，人们大感诧异，因为受尽酷刑折磨的杨乃武、毕秀姑都没有死去，而一直没有出庭对质的钱坦，何以在三十二岁因病而死？

2. 三千里押解

据杨昌浚奏报，钱坦当时押在巡抚狱中，光绪二年正月十六日死亡。这个日期极为关键，皇帝下旨将全案移交刑部是光绪元年十二月十四日，浙江接到谕旨应该在同年底。而经过"准备"正好有半月之期。钱坦一死，杨乃武将无法为自己洗脱罪名。而据胡瑞澜光绪元年十二月二十四日奏报，钱坦于十一月十二日病故。两者所报时间不同，但刑部无法追查。可以肯定的是，胡瑞澜的奏报是接到案件移交刑部之后。因此，尽管死亡时间不同，但都是在得悉案件移交刑部之后。

杨乃武案的人犯共分三批押解到京。

第一批是葛毕氏以及沈喻氏、沈体仁、王心培、何春芳、阮德、王林、王阿木、姚士法等九人，连全案卷宗，于光绪二年三月二十七日解送到刑部，由候补知县朱朴负责押解，兵丁衙役戒备森严，还专门为葛毕氏安排了两个伴婆随同。

杨乃武等人被安排在第二批。

清代一般将本省以外的押解称为长解。在押解途中，为了掩盖刑讯的事实，对杨、毕两人进行"关照"，当时有随行外科郎中二人，沿途为杨、毕医治刑伤，但由于伤势过重，直到行至天津，杨乃武还不能行走，秀姑左手四指受到拶指，已经残废。而尸亲、邻证行前，得到刘知县的特别关照，每家拿到二百两银子，就为了让他们到京后不改口供。

3. 搜出知县家人的恩托条

刑部提牢厅司员对各犯及人证搜检时，从葛品连的母亲沈喻氏身上搜出字帖二纸，内有"探问刑部司员文起暨浙江粮道如山宅内居住之刘殿臣，余杭县署内姜位隆恳托"字样。讯问沈喻氏，说是远亲姜位隆所写，让她来京投靠文起。经查，刑部司员有候补主事文超，并没有"文起"这个人。军机大臣随即令刑部、步军统领衙门、顺天府、五城御史查拿刘殿臣，令浙江巡抚查拿姜位隆。

据杨昌浚奏报，将姜位隆拿获到省，查明姜位隆是金华县人，充当跟丁，同治十二年九月跟随家主刘锡彤赴余杭县任，派管班房。本年（光绪二年）正月间知杨乃武案内尸亲沈喻氏要解往京都，忆及旧主人、已故前任仁和县明德眷属住在京老化石桥，一时糊涂，托沈喻氏带口信问安，沈喻氏不知住处，随开字条交带。至案内情节并未与沈喻氏说及等语。将其押解到部。（四月二十五日奏报，五月六日到）

据浙江粮道如山说，家丁中有刘顺跟随，后驱逐，是否是刘殿臣不知（后来证实即是）。据沈喻氏说，姜位隆是余杭县属家人，与她素熟识，见她穷苦，嘱咐她到京完案后找文超帮忙，资助盘缠路费。据文超说，他父亲曾任潜县、仁和等县，赴任时有一家人姜二，是否是姜位隆，不知。

原帖：京都宣武门内南城根化石桥大学卓中堂同居，刑部福建清吏司文二老爷（印）起，托探明代言面禀、请安。余杭县署内姜位隆恳托。

老太爷（官印）明德前于潜县后做平湖县、仁和县，升南塘通判。（此条写在纸背）

请问北京西单牌楼北劈材胡同问南宽街北头，再问荣宅便是浙江粮道如大人处，宅内有一位刘二爷，号殿臣，来了未来请示知，谢谢恳求，写之明白。（知县字翰臣）。

这两条字帖，隐含很多信息，第一，县令刘锡彤的家人姜位隆何以与为别人打工的葛品连的母亲相熟悉，非常值得怀疑。几千里路，绝非他自己说的仅仅是问安。而葛品连的母亲说是为资助路费。事情绝非如此简单。第二，重要的是，刘县令的家人还托了刑部福建清吏司文二老爷，而这位文二老爷与卓中堂同居，所托"探明代言面禀"，也就是当面讲。第三，另一路托的人是浙江粮道如大人宅内刘二爷，号殿臣，而刘锡彤知县，字翰臣，二者是何关系，不好推测，但走最有钱的浙江粮道的路子，也可想见来头不小。遗憾的是，这些都没有深究，或许是有意压了下去。

4. 刑部大审

所有人犯、证佐、卷宗到京后，刑部调派精干队伍，加紧看卷宗，十天后，准备停当，举行一连三天的大审。因为案件重大，早已沸沸扬扬，陪审、观审的人数非常之多。按照一般做法，先隔别研讯，即对主要人犯进行单独审理，最后再进行同堂对质，法律上称为"环质"，类似车轱辘一样一轮一轮的审。主持这次审案的是刑部浙江司郎中刚毅。刚毅是满洲镶蓝旗人，在刑部任职多年，虽所识汉字不多，但对律条非常熟悉，问案敏捷明快。

第一天只安排了两个所谓要犯。上午是杨乃武。一般而言，犯人要跪堂，不许抬头，每当犯人与供词不一时，要喊堂威，以示恫吓。杨乃武此时已经在狱中度过了三个年头，经历了数百上千次的审讯，可谓身经百战。他抬头看了一眼，知道是刑部大审，遂更加镇定。由于跪过火链、火砖，不能久跪，问官让他席地而坐。杨乃武娓娓道来，既没有与秀姑有私情，更没有买砒霜谋毒之事。杨乃武称自己十月初五日在南乡岳母詹家，同众写立继书，初六日午后才返回，根本没有买砒霜、交砒霜之事。其堂弟增生杨恭治以及在詹家同席的监生吴玉琨、民人詹善政在余杭县衙呈有公禀，现在药店钱坦虽死，还有药铺伙计杨小桥和钱坦之母钱姚氏可以作证。而他是因为告刘锡彤在仓前镇钱粮舞弊，遂遭人陷害。全部翻供，说以前是屈打成招。

杨乃武说完后，台下台上，交头接耳，议论纷纷。杨乃武的姐姐特别注意到，刘锡彤坐卧不安，神色慌张。

下午提审秀姑。她也全盘翻供，与杨乃武并无私情。杨乃武也没有交给她砒霜的事，丈夫死后验尸时，仵作沈祥并未指明是服何毒毙命。她没有谋害丈夫，并说了刘公子强暴她的事。

5. 杨昌浚阻挠证人进京，为杨乃武谋害背书

刑部以这些人都是要证，奏准令杨昌浚将第三批人证解送刑部。其中特别是杨小桥、钱姚氏等人，因关系到是否卖给杨乃武砒霜，以及仵作沈祥当时究竟如何检验，但受到杨昌浚的

抵制。

六月二十六日，杨昌浚称，因监生吴玉琨已经于本年五月初一日病逝，就由其妻吴张氏并族邻等画押，加盖余杭县衙印结押解，又药铺账簿、字条及供词送呈。钱母钱姚氏自称患有癫痫病，求免赴京，葛毕氏的母亲喻王氏因随带幼女，不能离母。杨昌浚说："案系因奸谋命，事属隐秘，本非外人所知，应取正犯确供为凭。纷纷提解，徒滋拖累。"在给军机大臣的咨文中说，民人王顺法顶认詹善政姓名，是詹张氏贿赂嘱托教供，并搜获药铺杨小桥所带账簿字条，显有勾串情弊。

杨昌浚以各种理由请求不要押解。这说明他内心极度恐惧，开始心虚了，因为如果这几个关键人证前往京城，所有的谎言都可能被拆穿。对杨昌浚的请求，刑部予以拒绝。

杨昌浚无奈，但在押解前，为这几位关键证人录了供词，等于为该案的几个关键点做背书。这是我们能够看到的本案第二批供词。当然，可信度不高。

其中有三点对案情至关重要：一是钱母等证实杨乃武买砒霜是实，二是仵作验尸是实，三是所谓杨家用钱财收买进京顶替人的供词。也即杨昌浚给军机大臣的咨文中所谓"勾串情弊"的"证据"，在余杭县捕役陈明的供词中，除了讲杨乃武的姐姐、岳母出钱让其顶替外，还特别讲到在药铺当伙计的"杨小桥"，非常值得注意：杨素不安分，代作词状，惯造谣言，诈人财物，向来在爱仁堂挂牌行医。当年钱坦到案，一讯就承认卖砒霜的事。京控以后，杨小桥编造谣言，说是刘大老爷出钱买嘱钱坦供认，由秀才陈竹山经手的话。今年（光绪二年）三月劝他回籍，他说要等候京中来提。去年胡学政审讯时，杨小桥写名条向陈竹山借洋钱五六十元。现奉提解，称要向陈竹山借洋二百元。还说，如不借给，到京定要扳害。还扬言要向刘大老爷许给多洋，方才满意。本县书办听说他得洋六百元，实在多少不知底细。还听说此案由吴勤伯即吴瞎子主谋，上年秋间，曾向各乡村敛钱五六百千，今年又敛钱四五百千，作为讼费。

而詹善政的供词更有价值，詹善政是南乡詹氏，即杨乃武的岳母的立继人。詹善政已娶妻生子，年三十岁。杨乃武的岳母是他的共曾祖叔母，叔父詹耀昌即杨乃武的岳父，二十八岁身故，只有二个女儿，没有男孩子，大的叫善云，次女名翠凤，有房屋四间，田产三十多亩，山地三四十亩，归叔母自行收租。大姐善云出嫁给杨乃武为妻，二妹翠凤常去陪伴，与杨乃武有奸，大姐晓得，夫妻经常吵闹，同治十一年八月，大姐怀孕被杨乃武踢到楼下堕胎而死。九月间就娶翠凤为妻，次年二月就生了一个孩子，丑声外扬。十二年十月初四日，叔母为叔父请僧人诵经，焚化灵座。二妹翠凤初四日早来晚归，当天午后，杨乃武赶到，住了一夜。初五，叔母詹氏将所存田产托人写就拨书，叫小的画押，跟同吴玉琨等人将拨书给杨乃武，杨乃武当天傍晚进城。后来谋毒事发，叔母让出公禀，告知呈内说初四初五杨乃武在我家，躲避交毒药的日子。叔母所有田产现已卖完，都为杨乃武花用料理。

这份供词，大多不可信。主要是为证明南乡出具的公呈不可信，同时，将杨乃武的丑声更加一层。但还是透露出许多信息。

呈词以外，奏疏完全为刘锡彤及所有承审官员特别是杨昌浚本人开脱罪责。

杨昌浚还在此时向清廷提出请病假的试探。他先奏请说，自己旧病复发，日渐加重，请开缺回籍调理，光绪二年五月二十七日，皇帝赏假二个月，毋庸开缺。得到谕旨后，杨昌浚将日常事件交藩司处理，但紧要事件仍由他处理。两个月假期将至时他又向清廷提出，近来神情恍惚，握笔忘字，大夫说心血已亏，是怔忡的病，两个月假期将至，如果错过治疗，会加重，并说浙江巡抚职任重大，请开缺回籍调理。另请简放。没有提人选。皇帝再赏假二个月，不必开缺回籍。

可是，在刑部审讯的大背景下，杨昌浚的如意算盘能行得通吗？如果说他在浙江，可以一手遮天，但案子到了京城，他还能左右得了吗？

第八讲

海会寺验尸

1. 又一关键证人陈竹山死亡

九月十七日，刑部上奏，案件取得重要突破。查出余杭生员陈湖即陈竹山与案件关系重大，即刻饬浙江巡抚递解到京。

陈竹山最开始既已介入此案，本案的几个关键点，都有他的介入，或者导向，从诸多记载看，他是本案最主要的幕后黑手。他是余杭有名的讼棍，是专门吃官司饭的，否则何以能够经常出入衙门？而他与杨乃武又是死对头，也是因为打官司，陈竹山为原告写状子，杨乃武就为被告写，各树旗帜，而杨乃武胜的时候为多。杨乃武中举后，陈竹山更不是其对手，遂衔恨在心，借机报复。而最初葛品连死后，尸体发变，家人只是怀疑。此时陈竹山与知县的刘公子一同谋划，找到葛品连的母亲，说秀姑积蓄甚多，何不趁此机会让她出钱，并说，你只管以儿子身死可疑向县衙请求检验，你的儿媳就会找平生所欢，拿钱贿赂你息事宁人。陈竹山还四处散布杨乃武与葛毕氏因奸情为葛品连撞破，因让葛毕氏杀之而绝后患的谣言。一时互相传语。

第一，葛家报官葛品连身死不明，是十一日清早，刘锡彤正要前往验尸，而此时陈竹山恰巧到县衙"看病"，何等病要大清早来看？这绝对不是巧合。但按照刘锡彤等交代，陈竹山对刘锡彤说"羊吃白菜"，还说，两人有私情，举国皆知，今之传言，绝非无因。这一"导向"把祸水引向杨乃武。

第二，杭州府审理时发现缺乏主要证据，即买砒霜的过付人，后来杨乃武在酷刑下乱供是药铺钱宝生，而钱坦不肯出具假证时，还是陈竹山起了关键作用。有的记载说是钱坦的弟弟知道陈竹山与知县熟悉，找到他想息事宁人，不想出了假证。

第三，巡抚杨昌浚派候补知县到余杭进行所谓的私访，调查药铺卖砒霜的事，也是这个陈竹山威逼利诱，让钱坦继续做假证，于是以"无枉无纵"结案。

《余杭大狱记》说，杨乃武案是"五毒并发"，说的是知县父子、讼棍、医生（陈竹山）、门丁（沈彩泉）、漕书（阮桂生）合谋而为。刑部明确说，陈竹山是案中关键要证，但浙江回复说，陈竹山病死于狱中，但没有邻里、地保的具结。

陈竹山一死，使得许多内幕又无法解开，而知县等就可以把责任推到死无对证的人身上。重要的线索又断了。

2. 仵作交代使得案情出现重要进展

杨昌浚在仵作解京前，录了供词，但这完全是在打自己的脸。沈祥到京就完全交代了。审讯中，沈祥供认：验尸时只有口鼻流血，仰面做淡青黑色，腹部液积，有大泡十余个，与《洗冤录》所载"服砒身死，牙根青黑，七窍流血，嘴唇翻裂，遍身发小泡"的情形不同，料是服生烟土毒致死。伊曾于同治六七年验过本县郎王庄地保服烟土身死，与葛品连尸身相似，有案可查。惟向来验报服毒，全凭银针颜色，必须用皂角水擦洗数次，青黑不去，方做服毒论。此次用银针由咽喉试探，虽做淡青黑色，因县署门丁沈彩泉坚持是服砒毒致死，县令遂未令擦洗银针，尸身又经发变，究竟有无毒，心中疑惑，不敢肯定，只求详查。

刑部又讯问当时在场尸亲、邻佑、地保等，都说当时在尸场见门丁与仵作争执，未擦洗银针。葛品连究竟因何身死，无从知晓。连日熬审葛毕氏，据供葛品连实是因病身死，她没有听从杨乃武谋毒情事，杨乃武也坚决不承认。检查余杭县衙上报案卷，仵作甘结，只报服毒身死，没有指明何毒。试毒银针也没有随案解验。

刑部称：案情诸多疑窦，今既然讯有县官偏听门丁，草率相验，银针未洗，尸毒未明等情，尸亲沈喻氏具结请求复验，应提原验知县，眼同检视。查道光二十四年，臣部钦奉谕旨交审康王氏因奸谋勒亲姑毙命一案，因原验尸伤不符，奏提康陈氏尸棺到京复验有案，自可仿照办理。请旨饬下浙江巡抚，将余杭知县刘锡彤即行解任，同门丁沈彩泉及葛品连尸棺一并押解送部。因转瞬即届隆冬，请严谕该巡抚，务必于十月内到京，不准稍有稽延。当天即由军机大臣字寄浙江巡抚。

3. 尸棺进京

许多记载都说刘锡彤是较早就进京的，实际上是最后与押解葛品连的尸棺一同进京的。

杨昌浚按照皇帝隆冬前到京的严旨要求，立即将刘锡彤在省城解职，随即饬刘锡彤赴余杭，找到闲林镇的葛家村，此时葛品连已经下葬三年。验明是葛品连的尸棺，会同印委各员加封，出具甘结后，提解到省城，由候补知县袁来保管解，于十月十四日出发。此时，已经解职的刘锡彤，洋洋得意地对人说：品连服毒如果确凿，杨乃武就无法洗脱罪名。我将行骑款段出京啊。倒是浙江的官员不敢疏忽，专门派了一个知县沿途照看刘锡彤，名义是照看，实际是怕刘锡彤中途有什么意外。于是，颇有意味的一幕出现了，押解官紧紧盯守刘锡彤，刘锡彤紧紧盯守葛品连的尸棺。而每经过一个地方，不管是府县还是沿途省份，都要加封贴条。

刘锡彤连同尸棺于十月底前到京，按照刑部指定，尸棺停放在神路街南海会寺庙内。

刑部还是进行了简单的审理，问官还是刚毅。刘锡彤并没有将这个五品的司员放在眼里，坐在堂下不为礼。刚毅问"何人值堂？"差役答："毛刚在！"刚毅说，问案有问案的规矩，听审有听审的道理。县官七品且是解了职的，为何坐在那里动都不动？难道你也忘了我们的规矩？命刘锡彤把手伸出来，拿出戒尺就打。差役立即把椅子撤掉，刘锡彤这才没了一点威风。刘锡彤交代，当时相验时，确实没有擦洗银针，实在是一时疏忽！

但此时，葛品连的尸骨是否有毒，不但直接关系到杨毕两人的性命，牵动着亲属的心，也与所有审案人员的仕途乃至朝廷的赏罚大有关系。而任何人都不清楚，结果如何。因此，本案的最关键一环——验尸，可以说为世人瞩目。不夸张地说，杨乃武一案成为当时超过所有新闻的最大的一件事。京城的气氛也骤然紧张。各处上演的剧目，大多是伸张正义、平反昭雪的内容。李慈铭不但详细记下了这些剧目，还在十一月二十六日的日记里写道：此事关系天下甚大，盖生民之死活、中外之轻重，皆视此为转移。倘检验一不得实，外吏将益其虎狼之性，朝官遂以杜口，而天下之冤民，将不胜其惨死，事更不可为也。区区补救之心，岂止为一夫一妇乎？

翁同龢也关注着此案。他与刑部尚书桑春荣争执不断，后来很多人都知道刑部尚书与侍郎意见不合，皇帝、皇太后也知道了，光绪二年正月二十三日，翁同龢调离刑部，改任户部侍郎，其所署刑部侍郎由潘祖荫署理。人虽不在刑部，但他仍关心此案的每一个进展。特别是他的侄子翁曾桂（字筱珊）在刑部浙江司派审此案，使得他能够及时掌握案件的进展情况。光绪二年四月初三，他得以阅读葛毕氏案的全部卷宗，日记说：因松侄派审此案也。葛毕氏前三日解到，杨乃武尚未到。夜，绍彭来。

4. 海会寺验尸

刑部也感到事情重大，奏请钦派大臣会同验讯。谕旨著该部详细验讯，以成信谳，毋庸另派会验。

刑部又行文直隶总督，调取谙练仵作，但据复该省仵作并无素谙检验之人，难以饬遣。碰了个软钉子，因为谁也不愿牵进此案中。刑部没有办法，只好自己解决。随即选择五城老练仵作。

光绪二年（1876年）十二月初九日，海会寺验尸这一天，刑部满汉六位尚书、侍郎、都察院、大理寺并承审各司员全部到齐，顺天府所属二十四区县仵作也一同参加，刑部老仵作已八十余岁，多年不轻易检验，也用车载而至。各官先验尸棺上的封条，由于沿途所经之处，每一省都有所经各级衙署帖封，故县、府、司、院印封重叠，又令刘锡彤亲验是否葛品连尸身的棺木，先行具状。前来围观者人山人海，两个主犯杨乃武和毕秀姑分别站在木笼里，穿着红色的死囚衣服，其他尸亲、犯属，及全部证人、余杭知县刘锡彤、原仵作沈祥、门丁沈彩泉等都在前排。

五城指挥官将尸棺抬放到平明地上，打开棺材时，尽管观者填塞，万头翘望，但寂静无声。见尸体上裹丝绵，证明是初检，说明几次复审都没有验过。剥去丝绵，见尸身已经腐化，只剩白骨。刑部选调的老练仵作先取囟门骨一块，蒸检如法，映日照看，即报说：此人实系病死，非服毒也。尚书桑春荣大为惊讶，饬令仔细检验。老仵作说：本人在刑部六十多年，凡服毒者，囟门骨必有黑色，似此莹白，何毒之有？两旁听到的人欢声雷动，叫青天有眼者不绝于耳。当时有个法国记者，听说无毒后，跑到囚笼旁边，做手势用汉语连声说"无毒无毒"。

刑部据老仵作荀义、连顺喝报，囟门骨并无红晕浮出，上下口骨及牙齿、牙根骨、手足十指十趾各甲并尖节各骨均呈黄白色，只有心坎、龟子骨、尾蛆骨做黄暗色，系血沁所致，其余周身大小骨殖全部黄白色，均无服毒形迹，实系无毒，因病身死。

刑部仍不放心，问老仵作，余杭县原验是服毒身死，何以现验情形完全不同。仵作荀义等回答：如果服毒，牙根、心坎、手足各骨应做青黑色，今骨色黄白，确是病死证据，与《洗冤录》所载"病死"符合。又同原验知县、仵作反复检验，与荀义等所报颜色无异，当场填写尸格，取具仵作、尸亲、邻佑及五城指挥各官印甘各结。

老仵作对余杭原验仵作沈祥说："尔等何所见而指为服毒？"回答说："我等原不肯填写尸格，长官立意如此，不敢不遵。"老仵作说："这是什么话！官不明检验法，全赖我们悉心区别。假如官别有肥肠，即当力争，充其量不过责革耳。若怵于官威而迁就，罪不容赦！"又对刘锡彤说："昔日仵作受官意旨俯首听命，是因为畏惧官扑责也。今日将官阴私交代出来，以图自全，官尚能坐堂上责之吗？"

据李慈铭记载：验尸前两次提讯刘锡彤，刘锡彤自恃年老，咆哮刑部大堂，庭审时对问官说："我乃奉旨来京，督同检验，非来就鞫，你们先来录我供词，如何昏聩做司官？"而门丁惧怕有罪，直接供出如何捏饰毒状，如何勾串药证，刘锡彤怒不可遏，奔到前面，挥拳相殴，问官呵斥，刘锡彤自己将官帽掷到地上说：我已拼老命了，若参革、处置我可也。

又据《申报》载：等到海会寺验明，刘锡彤立时委顿没有人形，既而将官帽拿下，自跪于提牢厅前求饶命，叩头掷地有声。提牢厅官员说：我们又何能为力，想求救命，为何不向死者求其宽宥。杨乃武的妻子杨詹氏愤恨之情溢于眉宇，向前欲殴，对众人大声说，有人造谣说我丈夫踢死前妻，我就是前妻的妹妹，如果真有此事，我母现仍健在，怎么能将我嫁给杨乃武？

翁同龢在当天的日记里写道：浙江葛毕氏一案，纠葛时间太久了，后提知县及葛品连尸棺到京，今日检验，骨白无毒，五城司坊及一干人证全部出具甘结，没有异议。断狱审案真是太难了，而法司不可不审慎啊！此案余首先建议用驳议，而松侄司审，极用力，故记下来。

李慈铭在验尸后写道：刘锡彤、陈鲁、杨昌濬、胡瑞澜四人，是铸成此案的罪魁祸首，原情定罪，实禽兽不如，应当把这四个人全部处死，以谢天下苍生！

刑部于海会寺验尸的一周后，即十二月十六日，向皇帝上奏，明确葛品连是无毒病死，除请将余杭知县刘锡彤即行革职，称刑部还要提集案证，讯明有无故勘情弊，及葛品连因何病死，葛毕氏因何诬认等情，再按律定拟具奏。

第九讲

反而不平

历时三年有余，经过七审七判的凌迟大案，在验尸无毒的铁的事实面前，似乎真相大白。验尸后的第七天，即光绪二年十二月十六日，刑部据此上奏，内阁当天明发上谕，将刘锡彤革职，并著刑部提集案证，讯明有无故勘情弊，葛毕氏等因何诬认，按律定拟。

1. 逼认奸罪

也就是说，接下来的重点是，如何铸成如此大的冤案，有无行贿受贿以及故意置人于死地等情节。如果说，此案以前一直围绕毒死人命而展开，接下来，应该追究各级衙门何以瞒天过海，将子虚乌有的事升级到凌迟大案？官员应该负什么样的责任？清廷将如何处罚他们？又将如何还杨乃武、毕秀姑一个公道？葛品连虽然病死，而杨毕二人是否还有通奸之罪？案件又将如何定性？二者之间紧密相连。由于整个案件牵涉面非常广，自移交刑部后就有争论，为此，清廷几次调整刑部等班子。

海会寺验尸后，最不甘心的是审理此案的杨昌浚和胡瑞澜。当时京城纷纷传言，说胡瑞澜想仿效浙江籍官员的做法，发起邀请两湖同乡任京官的，投递公呈诉冤，指刑部检验不实，再请检验，后来找到仵作，告知没有任何瑕疵，于是中止。

还有的说，必须坐实杨乃武与毕秀姑通奸之罪，这样浙江的官员才能回护，不受重处。因此，刑部等官员又就验尸结果，审问犯证口供何以不一，杨、毕有无奸情。杨毕予以否认。

2. 言官上书

王昕此人，在有的研究中，被说成是慈禧钦派到浙江余杭微服私访的人。

因涉及官员的处分，验尸后刑部迟迟没有结案。十天以后，御史王昕上奏，请严惩有关官员，指出杨昌浚、胡瑞澜等承审官员，"徇情枉法，罔上行私，颠倒是非，至于此极，其原定供招证据，尽属捏造，罗织无故，锻炼成狱，逼认凌迟重典，刘锡彤罪无可绾，而胡瑞澜承审此案，熬审逼供，唯恐翻异，已属乖谬，而其前后复奏各折片，复敢狂易负气，刚愎怙终，明知此案尽属子虚，饰词狡辩，淆惑圣聪，其心尤不可问。而杨昌浚于刑部奉旨行提人证，竟公然斥言应取正犯确供为凭，纷纷提解，徒滋拖累，是直谓刑部不应请提，皇上不应允准，此其心目中尚复知有朝廷乎，蔑法欺君，肆无忌惮，其罪名岂止寻常案情专就故入误入已决未决比例轻重也。臣惟近年各省京控，从未见一案平反，该督抚虽明知其冤，犹以怀疑误控奏结。又见钦差查办案件，往往化大为小，化小为无，积习瞻徇，牢不可破。恐此端一开，以后更无顾忌，大臣倘有朋比之势，朝廷不无孤立之忧。请予以重惩"。

当天，内阁明发上谕：人命重案，承审疆吏，及派审大员，宜如何认真研鞫，以成信谳，各省似此案件甚多，全在听断之员，悉心研究，始得实情，岂可意存迁就，草菅人命。此案业经刑部覆验，原讯供词，半属无凭，究竟因何审办不实之处，著刑部彻底根究，以期水落石出，毋稍含混，杨昌浚、胡瑞澜等应得处分，著俟刑部定案时再降谕旨。

但外重内轻的局面已经形成，对地方大吏的处罚绝非易事。皇帝谕旨下发的一个多月，仍没有任何动作。杨乃武在狱中焦急万分，原来本以为没有生的希望，但验尸后又以为会很快还他清白，见刑部判决迟迟不下，担心生变。

3. 丁宝桢大闹刑部

杨乃武的担心随即得到验证。这就是四川总督丁宝桢大闹刑部的事。丁宝桢曾于山东巡抚任上杀死慈禧太后的宠信太监安德海，在朝野威信甚高。他进京觐见时，得知海会寺验尸，要为杨乃武平反，并要处分杨昌浚等人后，到刑部大发雷霆，当面斥责刑部尚书桑春荣年老糊涂，振振有词地说：人死埋入土中已三年，毒气早已消失，毒消则骨白，怎么能凭骨黄白色就断定不是毒死而是病死呢？认为刑部审验不足为凭。还威胁说：这个铁案如果要翻，将来没有人敢做地方官了，也没有人肯为皇上出力办事了。桑春荣见他气势汹汹，怕引起大变故，就敷衍答应慎重研究，并与满尚书皂保商量，压下处罚各承审大员的上奏。面对丁宝桢置刑部维系国法于不顾的做法，没有人敢于与他争辩，只有侍郎袁保恒驳斥说：刑部是奉旨提审勘验，是非出入自有圣裁，这是刑部职权，不是地方大吏所能干预的。丁宝桢悻悻而去。

我们前面讲过，清代司法审判中，有"四救四不救"的潜规则，其中有"救大不救小"，是指官员犯罪，要救大官不救小官。刘锡彤革职了，但查处高官特别是像杨昌浚这样的官员的责任，就不是简单的事了。

刑部满尚书皂保本来想平反，但因为接受了杨昌浚的重金，就不再说话了。桑春荣本来没有主见，经丁宝桢这一闹，更犹豫起来。甚至连对刘锡彤的处置都感到为难，因为刘锡彤是现任大学士宝鋆的同年。

两个多月后，直到光绪三年（1877年）二月十六日，刑部的上奏才呈交。正如杨乃武女儿所说，该案最终是反而不平。在这篇长达八千言的疏奏中，尽管将杨乃武、葛毕氏一案的真相公诸天下，但叙事时处处为承审官员开脱罪责。从所谓的因果证据链中为官员开脱：此案刘锡彤因误认尸毒而刑逼葛毕氏，因葛毕氏妄供而拘拿杨乃武，因杨乃武妄供而传讯钱宝生，因钱宝生被诱捏结而枉坐葛毕氏、杨乃武死罪。

4. 处处为官员开脱的迟到判决

在叙述知府以上官员的责任时，轻描淡写，故意开脱：陈鲁草率审详，杨昌浚照依起解，胡瑞澜迁就复奏。最后都归结到刘锡彤一人：历次办审不实，皆轻信刘锡彤验报服毒，酿成冤狱。先后承审各员，尚非故勘故入，原验官、仵作亦无有心捏报情事。

最后判拟如下：刘锡彤革职，发往黑龙江效力赎罪，年逾七十不准收赎；仵作沈祥杖八十，徒二年；门丁沈彩泉杖一百，流放二千里；杭州知府陈鲁等六人，均革职。死者的母亲沈喻氏杖一百，徒四年。对浙江巡抚杨昌浚、学政胡瑞澜如何处罚，恭候钦定。同一天，朝廷下旨，将二人即行革职。

最后是关于杨乃武举人能不能恢复的问题。

对于备受凌辱达三年之久，几乎被处以极刑的杨乃武与毕秀姑，尽管没有通奸之罪，但"葛毕氏因与杨乃武同桌共食、诵经读诗，不守妇道，致招物议，杖八十；杨乃武与葛毕氏虽无通奸，但同食教经，不知避嫌，且诬陷何春芳等人，以脱己罪，杖一百，因已革举人，免议"。至此，全案审结。

5. 死因试解

刑部在验尸后的第一份报告就说，接下来除了查明有无故勘故入情弊外，还有一项重要的事情，是查明葛品连何病致死，尸体发变的原因何在。

通观全案，葛品连应死于痧胀。理由如下：

第一，葛品连从病发到死亡，仅三天时间。而他本人及家人都知道他原来患有流火症。初九日病重时呕吐不止，瑟瑟发抖，妻子秀姑给他盖两床被子，但仍忽冷忽热。下午，痰中有响，大夫来看时，明确说是痧症。

有关痧症的病状，清代医学家郭志邃在他的名著《痧胀玉衡》表述是：其症先吐泻，后心腹绞痛，头目不清，遍身肿胀，四肢不举，舌强不语。

痧毒所流及之处，热者似流火而非流火，肿者似流痰而非流痰，或痛极难忍，或痒痛不已，又痧之变者也。如或不觉，便成死症。

第二，服食西洋参、桂圆加速病情恶化，使得成为死症。《痧胀玉衡》记载：热毒之气既胀于胸腹肠胃之中，若更用热饮，则热气适助其肿胀，无从而泄，故犯此者，有立时胀死，此不可不辨也。"此等恶疾，俱由热毒之气所攻也……至如痧毒骤发热极而生寒战，手足厥冷者，紧痧也。若一误服用发散、升提、温饮之药，须防时刻凶危"，"误饮温热，便致凶危"。

第三，《洗冤录》记载：流火忌桂圆，服之口鼻出血足以致死。同书还记载：痧胀之死有同于砒霜中毒。而仵作沈祥检验尸体口鼻流血，是因服食桂圆的结果，尸体有十多个泡，是痧毒发变所致。《痧胀玉衡》记载：朝发于足而足肿痛，夕流于手而手肿痛；朝发于肌肤而肌肤红肿，夕入于里而痰喘不休。

6. 几点反思

第一，杨乃武案虽然最后真相大白，但此类冤狱甚多，平反的只是凤毛麟角。李慈铭在日记中写道：慈铭每见邸抄所传各省京控之狱，有独鞫原告百余次而不传被告者，有一家十余人尽死非命，而上控之人即死于辇下者，其他也盈千累百，无一平反。虽台臣亦屡言之，而积习牢不可破。

御史王昕在上书中也明确讲到近年京控，从未见有平反者。而杨乃武案能够平反，因素甚多，其中最重要的是他的举人身份，所能动员的社会力量，以及引起关注的程度，都绝非一般平民百姓所能比拟。

第二，在清代，法律面前不平等，本身就是法律的最基本原则，刑重于民，责轻于官，是其基本的审判原则。

杨昌浚，这位左宗棠的幕僚，于革职的第二年，还是在左宗棠的奏请下，重新启用，官至漕运总督、闽浙总督、陕甘总督等职，在戊戌变法前一年即 1897 年去世。

刘锡彤，光绪三年五月到黑龙江戍所，派拨莽鼐卡伦值年苦差，随后调省留印房当差二年后，即光绪五年六月，大臣以北地严寒，其自备资斧，只身一人，虽效力不足三年，但因年已 74 岁，奏请释放回籍。军机大臣奉旨，该部议奏。刑部以废员刘锡彤效力三年届满时，该将军再循例奏请遵办。皇帝采纳。光绪六年五月，此时刘锡彤已在黑龙江度过整整三年，皇帝下旨，刘锡彤著准其释回，该部知道。

主持复审的湖州知府锡光，于光绪三年三月，即刑部判决刚下，杨昌浚奏请因病开缺。也就是说，虽然各有处罚，但是最终都草草了事，也说明了体制的问题。

7. 两位主要人物的结局

杨乃武因多年酷刑牢狱，出狱时一瘸一拐，他的姐姐、妻子提前买了衣服为其换上，见满身伤痕。杨乃武已年近四十，到在京的浙江籍官员家中叩谢，有见的有不见的，回家的路费仍是胡雪岩赞助的。因多年被刑讯，已不良于行。最初上海《申报》曾邀请他任职，被拒绝。科举的路断了，家产因多年官司，已经荡然，生活困难，靠胡雪岩资助的数十两银子，赎回几亩桑地，又拿起杨家世代相传的老本行，以种桑养蚕为生，专心研究孵育桑种，行销省外，其招牌是"凤参牡丹，杨乃武记"。有时替别人写状子，因此，又有杨乃武做讼师的说法。于民国三年（1914年）九月因患疮痍病故，终年74岁，葬于余杭镇西门外新庙前。杨乃武的妻子詹氏嫁给他时，只有18岁，后来因这场官司，一只眼睛失明，与杨乃武育有一子一女。一子考中秀才。杨乃武后来将他的遭遇写了日记，也跟他的子女讲过。女儿杨濬根据父亲的讲述，后来写了长达两万字的《记我父杨乃武与小白菜的冤狱》，收录在全国政协的《文史资料选辑》上（后附本文）。

秀姑出狱时，因拶指，十指残废，被视为不祥之人，她的婆婆和养母都不肯认领，家中没有任何亲眷，只好在地上暗自哭泣，后来由余杭去京的解差领回余杭。秀姑年仅 22 岁，因万念俱灰，到余杭南门外石门塘准提庵出家为尼，法名慧定。因庵里没有香火，以养鸡、养猪了却残生。据杨乃武的后人回忆，詹氏去世时，秀姑身穿僧服，前往哀悼，并留下一张字条：杨二爷蒙受天大不白之冤，人身受尽残酷摧残，遭终生之残，此时此事，终生难忘。均我所做，均我所害。二爷之恩，今生今世，无法报答，只有来生再报。我与二爷之间绝无半点私情，纯属清白。后人如有怀疑，可凭此字条作证。1930 年慧定圆寂，终年 75 岁。墓龛建于余杭东门文昌阁旁。20 世纪 60 年代被毁，1985 年重建于安乐山东麓。有二首律诗：

自幼持斋愿守贞，此身本不恋红尘。
冤缘强合皆前定，奇祸横加几莫伸。
纵幸拨云重见日，计经万苦与千辛。
略将往事心头溯，静坐蒲团对碧筠。

顶礼空皇了此身，哓哓悔作不平鸣。
奇冤几许终昭雪，积恨全消免覆盆。
泾渭从来原有别，是非谁谓竟无凭。
老尼自此真离脱，白水汤汤永结盟。

秀姑的死，也最终给这个传奇的案件和我们的故事画上了句点。

附　录　记我父杨乃武与小白菜的冤狱〔1〕

杨　濬

　　我是杨乃武的女儿。"杨乃武与小白菜"是清朝末年四大奇案之一。解放前几十年间，编成剧本到处演唱，解放后亦曾多次上演。一九六三年八九月间杭州各电影院放映《杨乃武与小白菜》，我去看过；杭州曲艺书场评弹团李伯康弹唱这个故事，我也去听过，总觉得与事实出入太大，有很多真实的情节没有摆进去，摆进去的却有许多是不真实的。上京告"御状"的是我的姑母和我的母亲。一九一四年，我二十二岁时父亲病逝。他们生前经常对子女们谈到这件冤狱的内幕。我父亲出狱后，曾将此案有关的邸报抄录下来，还补写了日记，我也曾看过，但已散失。我早就想把这一事件的真相写出来。现在尽我所知详细叙述，以供搜集近代史料以及研究这一历史故事者参考。但因为时间久，年龄大了，可能有记错的地方。

---

〔1〕　本文选自《文史资料选辑》第七十六辑，第 147~169 页。

构怨由来

我家世居浙江余杭县城内澄清巷口西首，即从前的太炎街，现在的县前街，距离县衙门只有百余步。家境小康，祖父朴堂以养蚕种桑为业。我的父亲杨乃武，字书勋，又字子钊，排行第二，人们都称他杨二先生。二十多岁考取了秀才。我的姑母杨菊贞（淑英）是我父亲的姐姐，出嫁后不久姑父即去世，姑母青年守寡，住在娘家。因我父在襁褓之中，即由我姑母带领，因而姐弟情深。母亲詹彩凤是一个勤劳节俭的妇女，种桑、种地、养蚕，终日劳碌。我父亲性情耿直，平日看到地方上不平之事，他总是好管多说，又常把官绅勾结、欺压平民等事编成歌谣。官府说他惯作谤诗，毁谤官府。

余杭仓前镇，距县城十余里，地临苕溪，舟运畅达，当年是漕米集中的地方。百姓完粮，陋规极多，交银子有火耗，交粮米有折耗，量米时还要用脚踢三脚，让米溢出斛外，溢出的米不许农民扫取。受欺的都是一些中小粮户，他们叫苦连天。我父亲代他们交粮米，又代他们写状子，向衙门陈诉粮胥克扣浮收，请求官府剔除钱粮积弊，减轻粮户额外负担。当时余杭县官刘锡彤，为官贪暴，见我父亲写状子告粮吏浮收舞弊，认为是多管闲事。仓前镇收粮官何春芳更反咬我父一口，说我父鼓动农民抗粮不交，代农民包交漕米，从中牟利。刘锡彤根据何春芳的反诉，传我父去讯问。我父据理辩白，刘锡彤说我父吵闹公堂，目无王法，面加斥逐。钱粮之舞弊如故。我父亲愤恨不过，于夜间在县衙照墙上贴上一副对子："大清双王法，浙省两抚台。"因为大清曾有明令，量米不许用脚踢，抚台也有布告，溢米准由粮户扫取，但余杭却仍是不改。由于此事，县官、胥吏都怨恨我父亲。

小白菜与葛品连

电影、小说、戏剧、评弹以及清末民初一些文人所写的稗史、笔记，对小白菜的来历，有各种不同的说法。一说她不是余杭人，是太平天国时从南京逃难出来的一个难民的女儿，父亲是个教书先生，在逃难中死了，小白菜母女即流落于余杭仓前镇；一说她本是个土妓，一说她是葛家的一个童养媳；众说纷纭，莫衷一是。我所知道的小白菜姓毕，余杭人。家里很苦，童年即死了父亲，既无伯叔，亦无兄弟。因生活无靠，其母王氏改嫁于一个叫喻敬天的小贩。小白菜随母到喻家，容貌秀丽，人很聪明，但为继父所不喜，在家帮母亲做些粗活，常受市井无赖的调笑侮辱。因她喜欢穿件绿色衣服，系条白色围裙，人又清秀，街坊给她起个绰号叫"小白菜"。又因她嫁后，丈夫像《水浒传》中的武大，而她俊俏如潘金莲，又叫她"毕金莲"。又因丈夫是做豆腐的，又叫她"豆腐西施"。这些外号，都是带有侮辱性的，她的本名叫毕秀姑。

其夫葛品连乳名"小大"，是余杭仓前镇对岸葛家村人。家里原开豆腐店，父亲死后，豆腐店不开了，品连就到余杭一个豆腐作坊当伙计。母亲葛喻氏，在品连之父死后，改嫁给做木匠的沈体仁，故又称沈喻氏。一八七一年（同治十年）沈喻氏托品连的干娘冯许氏为媒，聘毕秀姑为品连之妻，因品连家无房屋，于一八七二年三月暂赘喻敬天家成亲，秀姑时年十八岁。

流言是怎样起来的

葛品连入赘秀姑之继父喻敬天家成亲后，因房屋狭窄，久居不便，想在外面另租房屋。适我家请沈体仁修房子，房屋修好，三楼三底，除自居外尚有余屋一间。葛品连即托沈体仁向我父承租，月租一千文。是年四月二十四日，葛品连与毕秀姑搬到我家居住。品连每天半夜就要起床做豆腐，因此常宿在豆腐作坊，不常回家。我父母见秀姑聪明伶俐，都很喜欢她。秀姑常请我父亲教她识字，以后我父又教她念佛经。因为品连常不在家，她只是一个人，我母亲常叫她在我家吃饭，吃饭时是与我父母及姑妈同桌吃。秀姑在成亲前常受人欺侮，搬入我家后，一些市井无赖就不敢来了，因为我父看到这些人来是要骂的。这些无赖便制造谣言，说"羊（杨）吃白菜"。谣言传到品连耳里，品连也有些怀疑，有几个晚上潜回家，在门外屋檐下偷听，只听到我父在教秀姑读经卷，并未听见其他私情。品连将谣言及偷听情形，告知其母沈喻氏。沈喻氏来时，也看到过秀姑与我父同桌吃饭，听品连一说，心里也有些怀疑。沈喻氏偶尔把这件事向邻舍谈起，于是巷闾遍传，流言就更多了。
这种流言蜚语，我父亲母亲尚不知道。一天品连回家，我父亲
向他讨取房租，因房租已欠几个月了。品连去向他母亲商借，
他母亲说，外间闲言很多，为了避免嫌疑，最好另行租屋居住。
于是在同治十二年闰六月，品连与秀姑即移居太平弄口喻敬天
表弟王心培家。秀姑搬出后，我父从未到过葛家，秀姑亦未
来过。

案情发端

秀姑自我家搬出后，又常受外人欺侮。县衙门有个捕役名
叫阮德，他有个姐姐叫阮桂金，已嫁过三个男人，与粮胥何春
芳有染。知县刘锡彤有个儿子叫刘子翰，即刘海升，是个花花
公子，常与何春芳作冶游，素知毕秀姑美而艳，欲得之而无由。
刘子翰与一佣妇有私，遂谋之于妇。佣妇一日假以他事诱秀姑
至其家，抵时，刘子翰已先在，即用暴力强奸之。秀姑惧刘公
子权势，又怕事泄不见谅于其夫，因亦不敢声张，佣妇却将此
事泄之于阮桂金，阮桂金告诉了何春芳。何春芳亦早思染指秀
姑，得知此事，于八月二十四日潜至葛家，适值王心培夫妇均
不在家，何春芳即以刘子翰之事要挟秀姑与之狎，秀姑坚拒之。
正推拒间，葛品连适自外归，秀姑哭诉，品连与何春芳即相骂
起来，何春芳悻悻而去。此事街坊邻舍均有闻知。何春芳走了
以后，品连即责骂秀姑，认为在杨家时已有谣言，今又发生此

事，更疑秀姑不端，对秀姑不满，常借故打骂。一日品连叫秀姑腌菜，至晚回家时，菜尚未腌，即将秀姑痛打一顿。秀姑气得把头发剪掉，要入庵为尼。两个人的母亲沈喻氏和喻王氏均闻讯赶来，询问王心培，得悉吵架原因。秀姑之母喻王氏气得直哭，说腌菜小事，何必这样痛打。品连之母沈喻氏，也责骂品连不是，品连说是打她一顿出出气。经劝解后，两口子亦即和好如初。

十月初七日，葛品连身发寒热，双膝红肿。秀姑知他有流火疯症，以为他是发流火，劝他请个替工，休息两天。品连不听，仍然到豆腐店上工。初九日早晨，品连因病身体不能支持，由店回家走过点心店，还买食粉团。但走到学宫化字炉前，即呕吐。到家时，王心培之妻站在门前，见其两手抱肩，发寒发抖，呻吟不绝。品连走进家门，秀姑扶其上楼，代为脱衣睡下，仍呕吐发冷，叫秀姑给他盖上两床被。秀姑坐在床前问他病情，他说初七日到店，两天来身体发冷发热，恐系疾发气弱之故，叫秀姑拿一千文钱托喻敬天代买东洋参及桂圆。买来后，秀姑为之煎汤服下，并请王心培之妻去告知其母喻王氏。喻王氏赶来，见品连仍卧床发抖，时欲作呕，照料了半天即回家去了。下午，秀姑听品连喉中痰响，口吐白沫，问之，已不能说话。秀姑情急，就喊叫起来。王心培闻声上楼，秀姑告知情由，并请王心培速去通知沈喻氏、喻王氏。两氏赶到时，品连已不能开口了，急延医诊视，说是痧症，用万年青萝卜子煎汤灌救，无效，申时气绝身死。沈喻氏为之易衣，尸身正常，并无异样，当时都没有什么怀疑。

葛死时正是十月小阳春天气，气候很暖，品连身胖，至初十夜间尸体口鼻内有淡血水流出。（《洗冤录》上说：流火忌桂圆，服之口鼻出血足以致死）品连义母冯许氏对沈喻氏说，品连死得可疑。沈喻氏痛子心切，又见尸体脸色发青，心中也生疑，就盘问秀姑，秀姑说并无别样情事。冯许氏即去叫来地保杨仁（即王林），告以品连身死可疑，请杨仁代缮呈词，到县喊告。呈词中亦仅说死因不明，并未涉及任何人。十一日黎明，由杨仁、沈喻氏赴县衙喊告。知县刘锡彤听说出了命案，即拟打轿带领仵作前往验尸。此时适有当地一个绅士陈湖（即陈竹山）到县衙来给人看病，陈是个秀才，懂得一点医道，平日进出官府，与我父不睦。他听说葛品连身死不明，尸亲喊告，即对刘锡彤说，外面早有传言，说杨乃武与葛品连之妻有私。自杨家搬出后，葛品连之妻即与夫经常吵闹，并把头发剪去，今葛品连暴亡，内中恐有别情。刘锡彤听说，即叫人出去打听，果然有这种说法，刘锡彤随即前往验尸。当时尸已膨胀，上身作淡青色，肉色红紫，仵作沈祥辨认不真，把手指脚趾灰暗色，认作青黑色，口鼻里血水流入两耳，认作七孔流血；用银针探入喉管作淡青色，认作青黑色，银针抽出时，并未用皂角水擦洗，即认作服毒。因尸体未僵，仵作称系烟毒，门丁沈彩泉因听了陈竹山说的话，心疑与我父有关。就说不是烟毒，一定是有人用砒毒死。一谓烟毒，一谓砒毒，两人争论起来，仵作即含糊报称是服毒身死，填入尸格。刘锡彤听说是服毒身死，当即传问尸亲邻舍，都不知毒药从何而来。刘锡彤亦因有陈竹山先入之言，已怀疑与葛毕氏秀姑有关，当即将秀姑带回县署。

县官初讯

刘锡彤把秀姑带回县衙后，当天即坐堂审讯，追问秀姑毒药从何而来，秀姑供不知情。刘先是百般劝诱，秀姑仍说不知其夫是服毒身死，更不知毒药从何而来。审了半天，秀姑始终说不知。夜间再审，刘锡彤不问毒药来源，却要她供出曾与何人通奸。秀姑也说没有，一再逼问，都说没有。又问他居在杨乃武家，是否与杨某有过私情，秀姑说杨某除教她识字读经外，并无别样不好的事。审了多时，仍审不出奸情。刘子翰、何春芳恐逼问奸情，秀姑要说出他二人之事，当夜即叫阮桂金入狱诱骗恐吓秀姑，对秀姑说：葛品连是毒死，验尸已经明确。外面都传说是你谋杀亲夫，这个罪名一成立，就要凌迟处死。要想活命，只有说是别人叫你毒死的。你在杨家住过，外面早有人说你和杨某有关系，你如果说出是杨某叫你毒死的，你就不会得死罪了。杨是新科举人，有面子，也不会死。还威胁她决不能说出刘公子之事，此事毫无对证，说出来就是诬陷好人，要罪上加罪。秀姑不语。第二天再审时，刘锡彤逼问毒药及奸情，秀姑还是说不知道。刘锡彤就叫动刑，一连三拶（zan，旧时夹手指的刑具）。秀姑初次受刑，熬刑不过，既不敢说刘公子之事，又想不出别人，只好照阮桂金所教的话供了。说我父初五日曾到她家里，给她一包药，说是治流火的，吃下去就死了。

刘锡彤取得秀姑口供后，立即传讯我父亲。我父母在家听说葛品连被人毒死，正在诧异，县里来传，即随差人前去。一到就在花厅审问，刘锡彤叫我父供出如何用毒药毒死葛品连。我父即怒斥刘锡彤凭空诬陷。刘出示秀姑原供，我父仍坚称绝无此事。因为我父是新科举人，不便用刑，十二日即申请上司将我父功名革去。不等上面批下来，第二次审问即动刑，一连审了数次，夹棍火砖等刑都使用了，我父还是没有承认。我有个堂叔杨恭治，舅父詹善政，闻知上情，以我父初五日正在南乡我外婆詹家除灵，无由交给毕秀姑毒药，显然是秀姑乱供诬陷，即赴县禀诉，为我父剖白。刘锡彤提案质讯，秀姑畏刑，仍是照前供说。刘锡彤即认为案情已明，就将验尸审讯各情，详报上司。

知府再审

刘锡彤自恃朝中有人，与知府之关系又密，认为案经上详，即可定谳（yan，审判定罪）。当时杭州知府陈鲁（伯敏）翻阅原详，见我父并未承认，就叫把全案人犯案卷解府复审。十月二十日我父和秀姑、沈喻氏、喻王氏及我的母亲以及其他有关人证，都被解到杭州。刘锡彤亲到杭州打点，解送杭州府的原供都作了捏造修改。把沈喻氏供称死者口鼻流血，改为七窍流血；银针未用皂角水擦洗，加上已用皂角水擦洗；因我舅父说初五日我父在南乡詹家，即将秀姑所供初五日授予流火药，改为初三日授予毒药。陈鲁是军功出身，看不起读书人。他早知我父惯作谤诗，毁谤官府，认为我父是一个不守本分的人。仓前镇粮户闹粮的事，也知是我父为首。又有刘锡彤先入之言，故此案一解到府里，即不容我父置辩，第一次审问，即用刑逼供。秀姑因有供在先，不敢翻供。沈喻氏听秀姑诬供毒药是我父所给，亦改供说在品连死时见死得可疑，即盘问秀姑，秀姑说是杨乃武叫她下毒的。与在县原供及到县喊告之呈词，完全两歧。陈鲁并不究问，却用严刑逼问我父，跪钉板、跪火砖、上夹棍，几次昏去。一连几堂，我父熬刑不过，只得诬服，混供曾至秀姑家给予毒药，嘱其毒死本夫。陈鲁又逼问毒药从何而来，我父说前次到杭州回余杭路过仓前镇，用四十文钱买了一包红砒，说是毒老鼠的。问他在哪个店里买的，店主叫什么，我父说在爱仁堂药铺，店主叫钱宝生。陈鲁取得我父口供后，不传钱宝生来对质，却叫刘锡彤于二十七日转回余杭传讯钱宝生，讯问他卖砒经过。刘锡彤在传讯钱宝生之前，恐怕钱宝生不肯承认，就和一个曾任杭州府幕客的仓前人章濬（即章纶香）相商。章纶香曾做幕客多年，当时是余杭的训导，为余杭绅士中的一个头儿，平日与我父亦合不来，我父写的谤诗中也曾骂过他。章纶香当即向刘锡彤献计，由他先写信通知钱宝生。叫他大胆承认，决不拖累。如果不承认，有杨乃武亲口供词为凭，反而要加重治罪。钱宝生到县，刘锡彤问他卖砒经过，钱宝生说这个月并没看见过杨乃武到仓前，更没有卖过砒霜。并且说爱仁堂是个小药铺，铺里并没有砒霜。刘锡彤一再威逼骗诱，钱宝生以确无此事，还是不肯承认。而且说他的名字也不叫钱宝生，是叫钱坦。从来没用过钱宝生这个名字。钱宝生有个弟弟钱垲听说他哥哥被捉到县里，即赶来打听内情，设法营救。他知道陈竹山和知县官熟识，就去恳托陈竹山进县里说情，陈竹山陪钱垲走到县衙门房时，刘锡彤正在花厅上讯问钱宝生，不便进去，就在门房里叫门丁沈彩泉把我父在府里的原供要来看看。门丁进去把刘锡彤抄来的我父原供给陈竹山看，陈竹山见供词上是说买砒毒老鼠用的，即对钱垲说，主犯所供买砒是为毒老鼠之用，卖砒的药铺并不知道是毒人，故承认下来，没有什么罪，至多是杖责，不承认，反而有罪。如果承认，可请县里给张无干的谕帖，这样就不会有拖累了。陈竹山正在与钱垲商议此事，钱宝生退下来了。宝生见到他弟弟钱垲就说，县官强迫他承认卖过砒霜给杨乃武，他没有卖过，怎么可以承认呢？陈竹山就走上去照方才和钱垲商议的话，劝钱宝生承认。并说他可以代为说话，请县里出给他无干谕帖。钱垲也劝他哥哥承认。钱宝生听他们这样一说，就答应了，当即在门房里出了一张卖砒的甘结。陈竹山拿了甘结进去见刘锡彤，刘锡彤见取得了甘结，也就给了钱宝生无干的谕帖。刘锡彤骗得了钱宝生的卖砒甘结后，即日送府。陈鲁即据供词及甘结定案，按律拟罪："葛毕氏凌迟处死"，"杨乃武斩立决"。[1]

---

〔1〕《大清律例》规定："奸夫起意杀死亲夫，奸夫拟斩立决"，"妻因奸同谋杀死亲夫者，凌迟处死"。

按察巡抚会审

陈鲁严刑逼供，草率结案，此事立即哄传全省。当时距离乡试结束还不久，我父亲就是这一年八月乡试时考取第四十八名举人的，许多乡试没有考取的生员，对考取的人本来就心怀妒忌，听到新科举人中出了谋夫夺妻的凶案，都幸灾乐祸，奔走相告。还有出入官府的一些士绅幕客，平日不知我父之为人者，也都推波助澜，众口一词，指我父为十恶不赦的大坏人，都以早日看到处斩为快。这时我一家六口，家破人亡的惨祸已在目前，我母亲日夜啼哭，双目尽肿。我姑妈杨菊贞（叶杨氏）知我父是受刑诬服，即到处奔走设法要救我父一命。她在城隍山的城隍庙求了一个签，签诗说："荷花开处事方明，春叶春花最有情，观我观人观自在，金风到处桂边生。"城隍山的测字先生解释说还有救星，到荷花开时，冤情就可以明白；桂花开时，人就可以平安归来。她又去扶乩，乩坛批了两句诗："若问归期在何日，待看孤山梅绽时。"这些当然都是无稽，但是旧社会是讲迷信的，我姑妈很有信心。她自幼与我父相依为命，今见我父罹此奇冤，悲愤万分。我姑妈问沈俞氏，知她在县里和府里口供都不一样，问钱宝生的母亲和爱仁堂伙计，都说没有卖过砒霜，冤情很明显。她恨这些瘟官对老百姓太残忍，把人的性命看得不值一根草，拼死也要为弟弟伸冤，就准备上省告冤状。我母亲这时生了我哥哥荣绪，前清规定女人不能递呈告状，就请我舅父詹善政作"抱告",到省里向臬司、藩司、抚台衙门投状告冤情。这时杭州知府陈鲁已将此案详报按察使署。这个按察使也是一个只晓得做官弄钱的糊涂官〔1〕。案子到了按察使署,只过了两堂,即认为原审无误,照原拟罪名详给巡抚定谳。此案到了巡抚衙门,当时浙江巡抚杨昌濬〔2〕派臬台会审,在审问时,不问案情真假,一味庇护府县原判。我父一再供称并无在仓前爱仁堂买砒霜之事,前系畏刑乱供。杨昌濬派了个候补知县郑锡滜做密查委员,到余杭去密查。委员未到,刘锡彤就知道了讯息,先与幕客商议,作好了布置。叫陈竹山先去通知钱宝生,叫他按前具甘结承认卖砒是实。委员到余杭并未进行密查暗访,仓前镇也未去,只找钱宝生谈了一谈,钱宝生承认卖过砒霜,就算密查确实。刘锡彤又重贿委员,盛席招待。委员就住在县衙里,竟听一面之词,以"无冤无滥"会同刘锡彤禀复。杨昌濬也就认为案情确实,即依照杭州府原拟罪名断结,勘题上报。巡抚是最后一审,至此已是铁案难翻了。只要刑部回文一到,就要立即执行。

两上北京告"御状"

巡抚审问结案后,我父"谋夫夺妇"的恶名,即传播京师。浙江在京的一些官员,听到本省士人中竟发生这样的事情,认

---

〔1〕 当时浙江按察使为蒯贺苏,光绪元年死于任上。
〔2〕 杨昌濬,字石泉,湖南湘乡人,以诸生从罗泽南治团练,与太平军为敌;同治元年从左宗棠入浙,同治九年除浙江巡抚。

为"奇耻"，无不痛骂我父，惟恐其不速正典刑。他们哪里晓得这里面有似海冤情呢？我母亲及戚属都认为没有生望了，只我姑妈仍不死心，入狱探监，与我父相商，决定上京告"御状"。由我父自拟呈词，沥叙冤情及严刑逼供屈打成招的经过。同监的犯人很多，也鼓励我父上控。写呈词没有纸笔，有个监视我姑妈探监的狱卒，很同情我父，设法弄来纸笔。我父将呈词拟好，交给我姑妈带出，由我父亲的舅父姚贤瑞作"抱告"，陪同进京。我姑妈和我母亲带着我哥荣绪，身背黄榜（冤单），历尽千辛万苦，走了两个多月，才到北京，向都察院衙门控诉。不料都察院问也不问，即将她们押解回浙，仍交巡抚杨昌濬审理。杨昌濬仍交原审各官审问。这些问官，恨我姑妈上控，提审时不待我父开口辩冤，即用重刑威吓。秀姑更不敢翻供，因此仍照原拟断结，这次"御状"是白告了。

当时浙江有个京官叫夏同善[1]，丁忧期满要回京，杭州胡庆余堂胡雪岩为他饯行。胡雪岩有个西席吴以同作陪客，吴以同是我父的同学同年，知道我父此案有冤情，在席间和夏同善谈起这个案子的曲折情况及我父平日为人。夏同善记在心里，答应回京相机进言。我姑妈第一次告"御状"失败了，仍不死心，决定第二次上京去告。在去以前，我父亲从狱中告诉我姑妈先去看在杭州的几个好朋友。一个是汪树屏，汪在白尼山汪家很有名，他的祖父在京里做过大学士，哥哥汪树棠也在京里

---

〔1〕 夏同善，字子松，浙江仁和人，咸丰六年进士选庶吉士，授翰林院编修累迁左庶子，充日讲起居注官。

做官。另一个就是上面所说的吴以同。还有一个是夏同善的堂弟夏缙川，是个武举。这三个人都是我父亲要好的朋友。我姑妈去看这三个人，他们都热心帮忙，并且写了信，叫我姑妈到京里找夏同善。吴以同介绍我姑妈见胡雪岩，胡雪岩帮助了到京的路费和到京后的用度。同治十三年九月，我姑妈和我母亲偕同"抱告"姚贤瑞第二次又上北京。到了北京，先去求见夏同善，夏同善夫妇接见了我的姑妈，她向夏夫妇哭诉冤情，及府县州官严刑逼供的情况。夏同善答应设法帮忙，介绍我姑妈遍叩浙江在京的一些官员三十余人，并向步军统领衙门、刑部、都察院投递冤状。夏同善又商之于翁同龢，翁同龢也很表同情，把本案内情面陈两宫太后，请皇上重视此案。因为有了一些同乡京官帮忙说话，这次没有押解回浙。西太后下了一道谕旨，叫刑部饬令杨昌濬会同有关衙门亲自审讯，务得实情。同时又叫御史王昕到浙江私访。杨昌濬奉谕后，没有再交各原审官审问，而委派湖州知府许瑶光等审问。许瑶光审问时，没有动刑，叫我父及秀姑照实直说。我父知道一定是我姑妈告御状告准了，于是尽翻前供。秀姑也翻了供，当堂呼冤，供说并无毒死乃夫之事，并供出刘子翰奸污、何春芳调戏及阮桂金串供等情。但审了两个多月，许瑶光不敢定案上复，一直拖延审问时间，未能讯结。

钦差会审

御史王昕从浙江余杭私访回去，知此案有冤屈。但杨昌濬专横跋扈，地方官吏都怕他，不敢违反他的意旨办事。给事中王书瑞上疏，奏请另派大员往浙审办此案。当时派了一个礼部侍郎胡瑞澜提审此案，胡瑞澜当时放浙江学政，得到上谕，开始尚不敢承办。因他知道巡抚决定的案子，是不好轻易改动的，曾经奏请另派大员提审。上面不准，仍是叫他认真把此案审理清楚。杨昌濬得知钦派胡瑞澜提审此案后，就向胡威逼利诱，说此案已经反复审问多次，无偏无枉，不宜轻率变动。如果有所更改，不仅引起士林不满，地方负责官吏，今后亦将难以办事。同时又向胡瑞澜推荐宁波知府边葆诚、嘉兴知县罗子森、候补知县顾德恒、龚世潼，帮同审理。刘锡彤得知钦派大员提审，即多方重金行贿。这时许瑶光承审此案，尚拖延未结，得知钦派胡瑞澜提审，即停止审讯。胡瑞澜提审是在会审公所，第一次由胡瑞澜向犯人、证人问了一下，以后几次审讯都是由宁波知府边葆诚发话讯问。边葆诚是刘锡彤的姻亲，又是杨昌濬的同乡，第二次提审时，见我父与秀姑翻供，即喝令差役大刑伺候。我父一再请求调钱宝生对质，边葆诚坚执钱宝生卖砒霜甘结为凭，斥我父枉求脱罪，喝令用刑，日夜熬审，各种刑具都使用了，最后一堂两腿均被夹折。秀姑也十指挫脱，最后一堂还用铜丝穿入乳头。我父及秀姑熬刑不过，仍都诬服。画供时已气息奄奄，神志模糊，无法自己画供，由两旁差役拿起我父的手，捺上指印。秀姑也是如此（以后传说我父亲在画供时，用蝌蚪文画上"屈打成招"四字，又说画了三个口字，都不是事实）。胡瑞澜复奏时，对刘子翰的强奸，何春芳的调戏，都一概不提，却说没有刘子翰这个人。刘锡彤有个大儿子叫刘海昇，于一年以前已经回原籍去了，不在余杭。其实刘子翰是在案子发生后才离开的，胡瑞澜是有意为之开脱。钦差审结，依样画葫芦。我父仍是拟"斩立决"，秀姑拟"凌迟处死"。至此，我父知是决无生望了，在狱中作联自挽云："举人变犯人，斯文扫地，学台充刑台，乃武归天。"因胡瑞澜是个学台，根本不知理讼，所以说他学台充刑台，冤狱难以平反。

胡瑞澜承审此案，照原拟罪名奏结后，地方士绅奉承胡瑞澜"明察奸隐""不为浮议所动""不负皇上委任"，原审此案之大小官员，更是如释重负。刘锡彤在杭州勾通一些豪绅出面设席宴客，连日不断。陪审官边葆诚、罗子森等，更加得到杨昌濬的赏识。这批湖南帮的大小官员都认为从此铁案如山，不会再有反复了。

提审起解

胡瑞澜疏奏维持原判，一些人弹冠相庆，但也另有一些地方人士及京官以此案两次上京"抱告"，主犯数次翻供，屡翻屡服，胡瑞澜又奏称"熬审"不讳，其中必有曲折隐情。地方上有些举人生员及我父好友汪树屏、吴以同、吴玉琨等三十余人首先联名向都察院及刑部控告，揭露杨、毕一案，府、县、按察、督抚、钦宪七审七决，都是严刑逼供，屈打成招，上下包庇，草菅人命，欺罔朝廷。请提京彻底审讯，昭示大众，以释群疑。京中御史边宝泉[1]也奏请将此案提交刑部仔细审讯。夏同善、翁同龢、张家骧等亦一再在两宫前为此案说话，认为只有提京审讯，才可以澄清真相。但慈禧太后对地方大吏承办的要案，也不愿轻易更张；即以避免拖累人证为名，还是不准提京复审，谕知刑部认真核复，叫胡瑞澜再行认真审办具奏。胡瑞澜奉谕后，又再提审了一次。复审时，我父创伤已稍平复，自思翻供是死，不翻供也是死，与其诬服，蒙不白之冤以死，不如翻供死于夹棍之下，为千古留一疑狱。于是咬紧牙关，又拼死翻供。因为胡瑞澜在疏奏中说"连日熬审，始审得奸谋毒害实情"，这次上谕也就不得不加上不得再用严刑逼供之语。胡瑞澜二次复审，不过是敷衍上谕，并没有认真审讯。我父翻供，亦未用刑。审了两次，胡瑞澜即行复奏，说主犯又复翻供，证人钱宝生已在监病故，难以定谳，请另派大员提审。[2]钱宝生之死，当时即有不同传说，杨昌濬、胡瑞澜是报在监病故，传说是自缢身死。但据与钱宝生同监之犯人出狱后说，钱宝生是刘锡彤、陈鲁买通狱吏把他弄死的，藉以灭口。因此起解赴京时，人犯中即没有钱宝生了，只有钱宝生的母亲钱姚氏及爱仁堂店伙杨小桥。

这时汪树屏、吴以同等的联名禀帖已到了都察院。汪树屏

---

〔1〕 边宝泉，字润民，汉军镶红旗人，同治二年进士，授编修，同治十一年补浙江监察御史。

〔2〕 胡瑞澜疏奏略云：查因奸毒死本夫，事极秘密，旁人无从确见，自应以本犯供词为凭。此案本非他人诬指，而杨乃武图脱重罪，逞其狡猾伎俩，插散浮言，闻者悉信以为真有冤抑。案情重大，人言纷纷，实非愚臣所敢专断，请特简大臣，另行复审。（见《越缦堂日记》）

的哥哥汪树棠亦在都察院，还有其他的一些浙江人特别是一些举人、进士、翰林，他们认为这件案子如果真有冤抑不予平反，这不仅是杨乃武、葛毕氏两条人命的问题，是有关整个浙江读书人的面子问题。夏同善、张家骧（张亦系浙江人，时为翰林院编修）向慈禧太后说，此案如不平反，浙江将无一人肯读书上进矣。刑部有个侍郎袁保恒，与夏同善、翁同龢等均甚接近，袁在夏、翁处得悉案情内幕，看到胡瑞澜之疏奏中歧异矛盾之处甚多，亦认为有提京详细研讯的必要。边宝泉在此时又上了一个奏折，主提交刑部审讯。我姑妈在京，亦迭向各衙门递呈，请求提京审问。在这样多方面的环请下，慈禧才下了一道谕旨，交刑部彻底根究，提京审问。刑部奉谕，即令杨昌濬将全案人犯派员押解赴京。杨昌濬在奉到上谕刑部要来提解人犯时，大为不满，但不敢公然违旨。

杨昌濬派候补知县袁来保做押解委员。刘锡彤也是一道去的，刘此时名义上是说赴京督验尸骨，但已是一个待罪备讯的官员，在路上还是威风十足，仆从轿马随侍左右，还随带一名刑名师爷同去。解差都如狼似虎，沿途不许犯人证人说话，夜间睡觉，枷锁手铐亦不宽松。随去的师爷途中威吓秀姑不准翻供。爱仁堂药铺店伙杨小桥，钱宝生的母亲钱姚氏，则受到优待，常和差人在一道吃饭。对我父及秀姑受刑的创伤，沿途曾给予诊治，大概是为了要消灭严刑逼供的证据。葛品连的尸棺装在船上，每到一个州县，都要加贴一张封条，有两个差人看守。以后传说尸骨已经调换过，没有这回事。当时天津闹过教案不久，路上交通不便，一个多月才到北京。到北京后，犯人、证人都被关进刑部大牢。我姑妈、我母亲几次前去探监，均不准接见。

刑部大审

到北京没有几天，刑部就举行大审，又叫三法司会审。当时凡京控大案，由刑部主审，都察院、大理寺会审。头一天大审，刑部两个尚书到堂，都察院也有人参加会审，两边陪审的、观审的，有不少侍郎、御史。观审的以江浙和两湖的在京官员为多。夏同善、张家骧那天也到了。坐在上面发话讯问的，一个是刑部浙江清吏司郎中刚毅，〔1〕另一个是都察院刑科主事。两个主审官刑部尚书桑春荣、皂保最后到。落座时，犯人都已带进，差人喊堂示威。问官问了姓名以后，就叫我父亲把如何与葛毕氏通奸，如何设谋毒死葛品连，从实招供。我父把案子发生经过，从头到尾，详细剖辩，既未与葛毕氏通奸，更无合谋毒死葛毕氏亲夫之事，在府在省，都是畏刑诬服，死实不甘。毕秀姑开始只是口呼冤枉，不敢翻供。问官一再叫她照实直说，她只说以为丈夫是病死，不知丈夫是服毒；毒药从哪里来的也不知道；前供杨乃武授给流火药，也没有这件事；与杨乃武亦无奸情。第一天问了两个主犯就结束了。第二天、第三天审问

---

〔1〕 刑部按省份设有十八个清吏司，分掌法律刑名。刚毅，满人，时任浙江清吏司郎中，曾以承审杨乃武一案受奖。

尸亲及证人。中间又停了几天，最后是提全案犯人见证大堂质讯。门丁沈彩泉、仵作沈祥、爱仁堂药铺伙计杨小桥，这一次都供出了真情。刘锡彤也跪在一边，还是官员装束，不像个犯人。杨小桥供称并不知有卖砒霜情事，药铺进货簿上从来也没有进过砒霜。钱宝生的母亲供亦如之。仵作沈祥供称，验尸的银针没有用皂角水擦洗过，只见口鼻血水流入两耳，就在尸格上填了七窍流血。曾与门丁沈彩泉争执，一说砒毒，一说烟毒，尸单上就含糊注了个服毒。门丁沈彩泉供出了陈竹山、钱垲在门房劝钱宝生出具卖砒甘结的经过。当门丁、仵作供出以上情事时，刘锡彤站起来捋袖掀须扑到两个人的前面举拳殴打二人，骂他们信口胡说。问官大声叱止，他还不听，两个差役硬把他拉到原地跪下。当问官讯问刘锡彤，录他的口供时，他又咆哮起来，说他是奉旨来京督验，并不是来受审的，反责问官糊涂，不应把他当犯人看待。当问官问他银针并未擦洗，为什么上详时说银针已用皂角水擦洗过？为什么不叫钱宝生与主犯对质，却叫陈竹山、章纶香劝诱钱宝生出具书面甘结？为什么将沈喻氏原供口鼻流血改为七窍流血？刘锡彤均瞠目不答。

海会寺开棺验尸

刑部大审以后，一八七六年（光绪二年）十二月初九日，刑部尚书桑春荣带领刑部堂官六人，司官八人，仵作、差役四十余人，带同全部人犯见证，到海会寺开棺验尸。开棺以前，先叫刘锡彤认明原棺无误，即由刑部仵作开棺。司官先验，堂官再验，验得原尸牙齿及喉骨皆呈黄白色，四围仵作皆说无毒。再叫余杭原验仵作沈祥复验，问他有毒无毒，沈祥低头不语。又叫刘锡彤去看有毒无毒，刘锡彤至此气焰始落，面色惨白，全身发抖。验尸时，寺内寺外看的人很多。有个法国记者也在场，他看到木笼里两个穿红衣的犯人，跑到笼边看了又看。开棺时，又跑去看验尸，及听说验尸结果无毒，又跑回木笼边对我父说："无毒，无毒"。这个法国记者的名字，我父曾说过多次，现在记不起了。两年后，这个记者到杭州旅行，还特意到余杭来访问我的父亲。当年外国报纸对这个奇案也有报道。

统治集团内部的争吵

海会寺验尸后，案情已经大白，刑部将复审勘验情况，奏知两宫。这时才将刘锡彤革职拿问，有无故入人罪等情弊；原审各官，为什么审办不实，要刑部再彻底根究。刑部又提集犯证审问了两次，刘锡彤这时已和主犯人证同样受讯。刑部审后，在勘题拟奏时，朝内朝外一些大小官员，却因此案掀起了一次激烈的争吵。统治集团内部分成了两派，一派以大学士翁同龢[1]，翰林院编修张家骧、夏同善为首，边宝泉、王昕也属这一派的中心人物。因为翁同龢是江苏人，张家骧、夏同善是浙江人，王昕原

---

[1] 翁同龢于光绪元年署刑部右侍郎，寻迁刑部尚书。杨乃武案平反时，刑部尚书已易桑春荣，另一尚书仍为满人皂保。

来也是山阴人，附和的又以江浙人为最多，所以称为江浙派，又称朝议派，这些人多系言官文臣。另一派是以四川总督丁宝桢为首，附和的多系湖南、湖北人，称两湖派，又称为实力派。因为这一派都是几个封疆大吏，掌握实权。

当刑部平反尚未奏结时，四川总督丁宝桢正在北京。这个总督曾杀过慈禧太后得宠的太监安德海，朝中一般京官都怕他。他认为刑部对此案不应平反，承办此案各级官员并无不是，不应给予任何处分，主张主犯仍应按照原拟罪名处决。他听说刑部要参革杨昌濬及有关官员，有一天跑到刑部大发雷霆，面斥刑部尚书桑春荣老耄糊涂，并威吓说，这个铁案如果要翻，将来没有人敢做地方官了，也没有人肯为皇上出力办事了。丁宝桢又盛气质问验骨的司官，说人死已逾三年，毒气早就消失，毒消则骨白，怎么能够凭着骨是黄白色，即断定不是毒死是病死呢？认为刑部审验不足为凭。桑春荣见丁宝桢这样气势汹汹，也犹豫起来，怕因此引起政治上的问题，对丁宝桢极力敷衍，答应再慎重研究。当丁宝桢在刑部大肆咆哮时，刑部大小员司，没有一个人敢与他争辩。只有侍郎袁保恒说，刑部是奉旨提审勘验，是非出入自有"圣裁"，此系刑部职权，非外官所可干预。丁宝桢悻悻而去。刑部尚书皂保本来也是极力主张平反的，因为受了杨昌濬的厚贿，就不说话了。尚书桑春荣年老颟顸，对此案本无主见，一任司官办理，别人说要平反，他亦主张平反，经丁宝桢这样一威吓，就拿不定主张，不敢出面参革了。对参革各员的疏奏，就一改再改，迟迟不复。边宝泉、翁同龢、夏同善这一派，知道刑部在为杨昌濬、胡瑞澜等开脱，就由御史王昕上了一个奏折，弹劾杨昌濬、胡瑞澜，说这些地方官员，平日草菅人命，而某些封疆大吏，更是目无朝廷，力请重加惩办。由于这两派的争吵，刑部平反的疏奏，拖了两个多月，迟迟不上，我父在监牢里更加着急。过去自谓是死定了，现在既有生望，急盼事情能够早决，早脱牢笼，担心拖下去，又要变卦。当时并不知道朝中正在争吵，在狱中真是度日如年。一直拖到一八七七年（光绪三年）二月十日，刑部的疏奏才呈上去，二月十六日平反的谕旨才下来。我父出狱，已是在二月底了。我父出狱后，曾到在京的浙省官员家，登门叩谢，有见的，有不见的。从京里回来的路费，仍然是胡雪岩帮助的。我父死里逃生，虽是夫妻父子重逢，但受此打击，人虽未亡而家已破，痛定思痛，实在是悲多欢少了。

终是官官相护

封建朝代的官场中，官总是为官，案子虽说是平反了，但对承办此案的大小官员，在处理时，仍是极尽回护之能事。杨昌濬虽然革职了，光绪四年又复起用，官至漕运总督、闽浙总督。刘锡彤虽是充军到黑龙江，但刘锡彤的儿子刘子翰却完全开脱了。胡瑞澜奏复时捏造说刘锡彤儿子早于一年前回家去了，刑部对这一点虽没有再提，仍是说他儿子与此案无关。其余所有承办此案的知府、知县，都只是革职了事。刘锡彤、杨昌濬都曾行贿，刑部却说并无贿送情事。我父刑伤几成残废，我看到时还是两膝创伤累累，刑部却说刑伤业已平复，并无伤筋折骨情事。所谓平反，实是反而不平。对其他有关人员处理也是很轻的，余杭仵作沈祥，将病死尸体认作服毒，检验不实，使无辜惨遭重刑，只是杖八十，徒二年。刘锡彤的门丁沈彩泉，毫无根据即说是砒毒，也只杖一百，流三千里。陈竹山在监病死。章纶香为虎作伥，写信给钱宝生叫他承认卖砒霜，但只是革去训导，杖刑都免了。对不应加罪的，却判了罪。如沈喻氏杖一百，徒四年；王心培、王林、沈体仁也杖八十。毕秀姑吃了这样多的苦头，也要杖八十。我父举人革职。至于杨昌濬、胡瑞澜，刑部在疏奏时并未提出参革意见，是慈禧下平反谕旨时，将两人革职的。还有刑部主事某因资助沈喻氏旅费，也受到处分。

虎口余生

我父出狱后，家产荡然，生活困难，依靠亲友帮助，赎回几亩桑地，以养蚕种桑为生，专心研究孵育蚕种。余杭盛产丝棉，行销省外。我家世代养蚕，对育种积有一定经验。过了三年，我父亲所育蚕种名气就传开了，远近都来买。蚕种的招牌记号是"凤参牡丹，杨乃武记"。凡我家出卖的蚕种，都盖上这个牌记。每到育种时，全家大小日夜忙碌，家里生活也日渐好转。我母亲有一天到桑园去收取晾晒的衣服，眼睛碰坏了，从此失明。

有人说我父亲出狱后做讼师，不是事实，不过有时也替别人写写状子。状子写在一块水牌上，要当事人自己抄。自己不会抄，就请别人抄，抄好即抹去，因为是惊弓之鸟，怕官府来找麻烦。也有人说，我父曾在上海《申报》报馆做过事，也不是事实，我父亲没有到上海做过事。一九一四年（民国三年）九月，我父因患疮疽不治身死，年七十四岁。墓在余杭县西门外新庙前。

毕秀姑出狱后，回到余杭，在南门外石门塘准提庵出家为尼，法名慧定。庵里没有香火，以养猪、养鸡了其残生，死于一九三〇年（民国十八年）。坟塔在余杭县东门外文昌阁旁边。

韩雁门　整理

一九六五年三月杭州

临刑呼冤

第一讲

盗劫案发

1. 富户被劫

在河南省西南部，南阳府下辖有个镇平县。说起镇平县，可能很多人未必知道。但说起元好问，几乎家喻户晓，他的名句"问世间，情为何物，直教人生死相许"，更是传扬至今。元好问就是镇平的首任县令。这是金哀宗正大三年，即公元1226年。

而镇平县在晚清出了大名，是因为一件震惊全国的大案——临刑呼冤案，就发生在这里。这个大案被列为晚清四大奇案之一，与杨乃武与小白菜案、张文祥刺马案、江南三牌楼案齐名。与其他三大案相比，河南镇平大案因为没有香艳的女主角，所以传扬得不够久远。但清宫档案却留下远比张文祥刺马案等详尽得多的资讯。今天我向大家讲述的，就是依据清宫档案，还原光绪年间这件历时三年、最后平反昭雪的一件奇案。

在镇平县的张楼村，有一户远近闻名的人家。说它有名，是因为在方圆百里，这是难得一见的既富且贵的人家。主人张肯堂，长袖善舞，是个经营奇才，二十多岁时，就已经家私万贯。

但镇平县地处豫西南，向南毗邻湖北，向西就是陕南地区，是个"三不管"的地方，历来盗贼横行。

雍正时期有名的模范三督抚之首——田文镜，就是在河南治盗出了名，被破例升为河南山东总督的。道光年间，在南阳府与湖北襄阳府交界的棍河，有大盗开设大窝子，据说有随从一千多人，他手下的几个大头目各自开设小窝子，每个小窝子多者数百人，少的也有几十人，他们分布在各州县，抢劫的地盘有明确分工。这些人因为与捕役勾结在一起，因而劫夺良民，有恃无恐。

盗劫案的频发，使得治安状况极度恶化，而抓捕盗贼，要靠捕快，这又刺激了衙役的激增。各州县为了抓捕盗贼，添设的捕役越来越多，有的大县，如滑县、杞县，多达数千人，像镇平这样的小县，也有几百上千个捕役。这些捕役有在册的，也有更多不在册的，即民间俗称的"白役"。而大盗也往往藏匿其中，当时有一句话叫"捕、盗一家亲"，说的是捕役和盗贼勾结在一起，捕役以"养盗"为生，盗贼倚靠捕役而逞强，二者不但紧密合作，有时还进行身份转换，每当官府抓得紧了，要完成捕获盗贼的"指标"时，或者遇到有的事主查访到盗贼时，盗首就会与捕役们商量，买来贫家子弟或者乞丐，顶凶销案。

盗贼横行，自然会波及张楼村的富户张肯堂。就在同治、光绪之交的一个冬天，张肯堂家被盗贼抢劫。随后，河南又发生了历史上罕见的连年大旱，史称"丁戊奇荒"，又称"晋豫大旱"。大灾之年，又是盗贼横行的地方，这让富户张肯堂日夜不安。

张家紧靠张楼村寨西门，是把首的第一户。为了防备盗贼，张家不断将房屋翻修，把内室和外房隔开，外墙修得又高大又坚固，家里还有二十多个年轻力壮的伙计，白天帮工，晚上睡在外墙内，防备盗贼。但张肯堂还是不放心，他想，再怎么富有，也必须要靠"贵"来保护。为此，本来是个监生的他，几年前用钱捐了个五品的同知官衔，这比七品知县要大得多，虽说同知是个虚衔，但毕竟在南阳府挂个名，好歹也是知府的副职，他想，有了官的身份，就可以保护他的庞大家财。

但张肯堂还是想错了，盗贼们早已盯上了他的家。

光绪五年十月二十七日晚，天还没有完全黑下来，就见张楼村附近的王河大庙里，三三两两，从各处陆续聚集了数十人之多，他们携带洋枪，还有其他各式器械。到了上灯时刻，庙里聚集的人更多，足足有上百人。王河大庙聚集了这么多人，惊动了寨长赵某，他担心这些人生出事端，就派负责治安的地保到县里禀报，但往返几十里的路，知县听说贼匪人多势众，连忙派家丁召集人马，等到九班差役聚齐，再会同当地的营兵前往查拿时，已是夜半。兵役们赶到王河大庙时，早已不见这些人的踪迹，于是就在庙旁盘旋。

且说二更以后，聚集的人已经到齐了。但究竟要做什么，大家都不知道。这时，为首的胡体安、胡广得说，今天我们要抢人，这是一个大户。众人一听，个个跃跃欲试。胡体安等随即对来的人详细做了分工。众人随即趁着月黑风高，向张楼村逶迤而去。来到寨门外面时，胡广得和他身边的随从范猪娃，脱下身上穿的马褂，交给瘦小的王树文，说："你就不要跟我们了，就在这里看衣服。不要乱动。"胡广得让范猪娃跟随他进了寨门。

胡广得等带人进了寨门，来到张肯堂的家。盗贼们好像训练有素，他们手持枪械，团团把张家围了个水泄不通，沿张家院落四周，三步一哨、五步一岗，把张家和村里进行了区隔，张家里面的人出不去，村里的人也进不来。

张家的铁漆大门，还有异常坚固的外墙，并没有让盗贼望而却步。显然，他们早已踩过点。先有几个身手不凡的人，翻过高高的铁漆大墙，进院后打开大门，随即有十几个人蜂拥而进。嘈杂的声音惊醒了张家人，家丁见有人进了院里，连忙抄起家伙，前去阻挡，但盗贼太多了，家丁手中的家伙只是些耕地的锄头之类，哪里抵得上盗贼手里的洋枪。就听枪声四起，街坊邻居也惊醒了，但面对持枪的歹徒，所有人都无法上前相助。

在内室的张肯堂，闻听院落里枪声四起，知道遭遇了劫匪，他连忙把内户门紧锁，又用能搬动的家具抵住。盗贼们见内户门怎么也撞不开，连忙在院子里拾起石条蹬，多人抬起，最终将门撞开，随即进入内室，进行大肆洗劫。在内室的张肯堂拼命阻拦，无奈盗贼人多势众，他的下腿被砍伤。盗贼们威胁说："我们只谋财，不害命。但如果你不老实，就没命了。"当即将张肯堂绑到门柱上。张肯堂眼看着盗贼进行大肆洗劫，直到天快放明时，才扬长而去。

到了早晨，大雾弥漫。盗贼们趁着浓雾，到了预先约定的一个废弃的黑窑里，进行点赃，随即进行分赃。等到胡广得和范猪娃满载而归，他们喊上王树文，逃散而去。

2. 抓捕行动

此时，天将放明，蹲守在庙旁的兵役，透着浓浓的大雾，依稀看见有二大一小三个人在地里慌张跑动，兵役如获至宝，就前往追堵，近前盘问时，由于两个大人拒捕，故被伤抓获，这两个人就是胡广得和范猪娃，打开包袱一看，几乎全都是女人衣服，兵役们开始争抢一番，只剩下几件旧衣服。而那个个子矮矮、又瘦又黑、满脸疙瘩的小孩没有反抗，就被抓获，兵役们见他身上背一个褡裢，内装水烟袋一根，还有零钱几百文。混乱中，小孩的褡裢也被兵役抢去。

这个矮个子就是王树文。他是因为私下花用他哥哥做小买卖的钱，两天前即二十五日被父亲打骂，一气之下逃出家的。到了晚上，这个"问题少年"在一家不知地方的小店里住了下来。正是在这里，他遇上了最不应该遇上的两个人，即胡广得、范猪娃，因为住在一间客房里，各自通问姓名，王树文还把自己被父亲打骂而离家出走的事告诉了胡广得。胡广得对王树文说："你今后只要跟着我，就不会饿肚子。"王树文见有人帮助，满是感激。第二天又在这家店里住了一夜。紧接着，第三天就发生了抢劫的事。

兵役们当即将胡广得、范猪娃、王树文三人押交衙役的总头目刘学汰管押。

盗贼们当初在黑窑里分赃后，四散而逃。在胡广得三人被抓获的稍晚时候，衙役总头目刘学汰的哥哥刘淦汰带人在杨庄地方也拿获了三名盗匪，其中之一就是胡体安。作为这次盗劫活动的组织者之一，胡体安分得赃物最多，因而行走也最慢。他被拿获时，刘淦汰就一直打胡体安的主意，想把所有赃物据为己有。但胡体安是远近闻名的盗贼，刘淦汰一时不敢下手，一路押解，路过侯家集时，有个姓侯的染匠认识曾当过染匠的胡体安，遂向刘淦汰商量放了胡体安，所有赃物归刘淦汰，这正中刘淦汰的下怀，但当天正好是集期，即农村集市开放的日子，来来往往的人不少，刘淦汰怕日后发觉，故没有立即答应，而是派他的堂弟刘十黑到县里去，与他的弟弟刘学汰私下商量。他这里故意放慢押解盗贼的脚步。

此时胡广得、范猪娃、王树文三人刚好被关押到县监。刘学汰听刘十黑讲后，便有了主意，告诉他找个安全地方将胡体安放了便是，其他的事交给他来办。

刘学汰的主意就打在刚被押入监房的王树文身上。他见王树文幼小可欺，私下跟他讲，按照大清律法，强盗不分首从，都是一个死，看你年纪轻轻，可惜了。见王树文吓得直筛糠，说道："我想救你一条命。"王树文千恩万谢，说一切听官爷做主。刘学汰对他说，上堂时官爷呼胡体安时，你即答应；又教他供词。见王树文还半信半疑，刘学汰又说："只有这样，我们才能替你谋划出狱的事情，只是你必须答应，这件事千万不要让任何人知道，将来不管到哪里审问，你只要咬定自己是胡体安便是。"王树文相信这一切都是真的，也就应允。有了总役弟弟的安排，刘淦汰将胡体安押到袁营北的僻静地方纵放，所有赃物自然归了刘家兄弟。

这就叫螳螂捕蝉，黄雀在后。

3. 失主报案

盗案被劫的称为失主、事主。家里被劫的第二天，事主张肯堂因自己受了伤，家人用轿子将他抬到县城，向镇平知县报案，按照规定，盗案要开失单，即详细开列被盗抢的物品、银钱等清单，张家确实很富有，失单上开：

衣物六百多件，银一百二十两，钱十八千文，此外，还有烟土三十多两，票钱三百三十千。烟土即大烟、鸦片，一两鸦片值银元十几块，票钱即银票。这些加在一起，总价在几千两银子。还有紫花布被单一条、水烟袋等物品。

张肯堂报称盗贼有近百人。这无疑是一桩大案。镇平知县马鬴是老虎班出身，清朝将那些考中进士后即选任知县的人称为"老虎班",意思是说他们没有经历官场的磨炼,有一种天不怕地不怕的锐气。但由于缺少经验,因而一切都是师爷、书吏说了算。在清代有个词汇形容这类人,叫"牵线木偶",而审案也就成了满堂官,因为他自己做不了主。

马知县是山东人,到任刚二十多天,几乎三天两头就发生盗抢之案,前面的盗案还没有眉目,今天又有这样的大案,一想到不能如期破案,自己的仕途前程就会受到影响,这对一个刚踏入官场的人而言,自然更加愤恨不已。因此,当事主报案时,马知县说,早间已经拿住人了。开完失单,马知县让事主将失单留下后离开。张肯堂既没有看到赃物,马知县也没有让他认领,于是怀着怨气悻悻而归。

清代沿袭以往法律,将盗分为两类,一是强盗,二是窃盗,前者类似今天的抢劫,后者即今天的偷窃,二者在量刑上有本质区别。窃盗处罚较轻,实施犯罪但没有得财的,笞五十,不刺字。得财的,不论分赃不分赃,以一人为主,按赃论罪。一百二十两以下,杖一百,流三千里;一百二十两以上,以及三次犯罪,处以绞监候。如果窃盗临时有拒捕、杀伤人者,性质由窃盗变为强盗,处以斩刑。

而对于强盗,惩治极严。法律规定,凡强盗犯罪已经实施,而不得财者,皆杖一百,流三千里;但得财者,不分首从,皆斩。这就是说,窃盗除惯犯外,最高刑罚是强盗的最低刑罚。

而强盗与窃盗区分非常明显,窃盗的关键在窃,而强盗关键在强,是指先定有强谋,执有器械,带有火光,公然直入事主之家，攻打门墙者。自康熙、雍正始，在严治盗案的同时，又加以区别，分为"法所难宥"者一律处斩，而对"情有可原"者实行发遣。遵行数十年，到了咸丰年间，又实行严厉惩治，强盗案不分首、从皆斩。同治九年修订法律，将严惩的对象延伸到把风、接赃等犯罪者，定例规定：盗劫之案，依强盗已行，不分首从皆斩律，俱拟斩立决。把风、接赃等犯，虽未分赃，亦系同恶相济，照为首一律问拟，不得以情有可原，量为末减。倘地方官另设名目，曲意开脱，照讳盗例参处。

这就是说，对于强盗案，惩治力度甚至重于人命案件。而据晚清有名的律学家，多年做刑部尚书的薛允升讲，自咸丰年间订立新例以来，每年正法之犯，不下数百起。特别是就地正法令颁布后，各省遇有强盗之案，正法之后奏闻者比比皆是，且有并不奏闻者。

镇平强盗案，震动了整个河南。虽说盗案时常发生，但此案一百余人，明火执仗，持有洋枪，抢劫一个五品的同知之家，引起人们议论纷纷。民间和官场上，一时谈盗色变。

法场呼冤

1. 知县审案

清代严治盗案，也反映在官员的责任上。法律规定，作为亲民的州县官，如果盗案发生，在四个月的期限内不能缉获盗首，可以展限半年，称为再限，再展限半年为三限，最多到四限为止。这就是说，一桩盗案发生后，最多有近两年的破案时限，如果到了"四限"还不能破案，照正常的程序，州县官必须"开缺"，即将现任官职开除，再给他负责缉拿的机会，法律上称之为"四参案"。州县官如果没有缉拿盗首，就要丢官。这比贪赃革职还严重，因为贪赃革职还能有恢复原官的可能，而因盗案丢官，就没有官复原职的可能。这也是州县官重视盗案的原因。

接到报案后，马知县当即派总捕头刘学汰将盗犯提审到堂。当马知县提审王树文时，还没有用刑，他就照役头的教供，说自己姓胡，名叫胡体安。知县见下面跪着的人说自己是胡体安后，又喝令衙役打上几十大板，这让王树文不知所措：是照实说，还是照衙头说的供，一时没了主意，因而一会儿供自己姓王，一会供姓胡。姓名岂能随意更改？马知县以为王树文是惯常盗犯的狡翻伎俩，就下令衙役用大香在王树文的脊背上"烧戳"，拷问他的姓名到底是姓王还是姓胡。王树文受刑不过，想起役头的话，遂再次说自己叫胡体安，此后没再改过，马知县也就没有再审。当即将王树文定为正盗案犯，拟斩立决。随即交由刑名幕友即俗称的师爷拟定上报详文。

所谓详文，就是上报给上级衙署有关本案的审理意见，是判决的最基础、最重要依据。两天以后，师爷施游伯将详文送来。马知县一见详文，不但左抹右涂，不成样子，而且仔细阅看，发现很多与案情不符之处：一是盗犯人数由数十人改为十人，二是赃物也没有什么值钱的东西，与事主报案的"失单"有诸多不符，特别是供词与庭审时大不一样。马知县满腹狐疑，找来师爷施游伯想问个究竟，师爷告诉他："东翁刚刚通籍（进入仕途），又刚刚到任，想必对河南的情况还不熟悉。我们这些人都是老于申、韩的，案子见的多了，知道怎么处理。县爷读了不少圣贤书，只是初出茅庐，还不知其中玄妙。"言外之意，这样做都是为了你马知县不受处分。这样，本来惊动一方的抢劫大案，经过师爷的一番处理，已经不足为重了。这是典型的"化案"，即将重案变成轻案，大案变成小案。法律上叫"出重为轻"。马知县将信将疑，也就不再深究，遂照师爷所拟的详文，抄了一遍，呈了上去。

中国古代最重初审，因为初审是在调查案情，还原事实真相的基础上进行，是所有定案的基础。一般说来，上级衙门极少对案情的事实再进行审理。更多的是寻找有无漏洞，援引的法律条款是否恰当。

此案上交南阳府后，知府任恺据镇平县的详文审转，案件到臬司（一个省的最高司法机构）。当时署理臬司是麟椿，他也据南阳府的审理定案。按照清代的司法管辖，死刑案件要由一个省的最高行政长官巡抚，具题到刑部。刑部检查供情无异，遂照巡抚所拟罪名核覆。

此案至今仍有一个非常大的疑点，就是有关本案的所有记载，几乎没有留下镇平县用了多长时间审理此案的记录。从后来失主张肯堂的"供词"，以及一些笔记记载看，此案在镇平县停留了很长时间。

第一，据晚清有信史之称的《春冰室野乘》记载：张肯堂报案后，"案久未破"，遂私下派人侦查，得知是胡体安所为，于是上控到河南按察使司，以及巡抚衙门。经过巡抚批示，按察使司按照张肯堂所控，明令抓捕胡体安。胡体安为求脱身之计，疏通县衙，将他的家童王树文冒充胡体安的名字，让衙役抓去。上堂之后，王树文坚决不承认，在严刑拷打下，又有衙役诬骗他，遂作为正盗。马知县因案子日久未破，几乎丢了官，听说胡体安抓到了，狂喜之下，无暇辨别真伪，遂草草定案。

第二，据张肯堂的供词说，盗案发生后的次日，他到县衙报案，马县官说早间已经拿住人了，但失主既没有看见赃物，县官也没有让他领认。到了光绪六年三月，即案发五个月后，有个姓马的人用张肯堂的失票在钱铺取钱，张肯堂将他扭送到县衙，马某人说这个失票是姓雷的交给他的，于是将雷某人拿获到案，雷某人又说是姓苏的交给他。后来县官将他们全部释放。张肯堂还说，他屡次呈告，县官未究。从张肯堂的供词看，马知县显然不是很快破案。

第三，从盗案的审结时间和程序判定，要求四个月审结。假设马知县在案发后的当年底，即光绪五年底或次年初上报，而据档案记载，在接下去的南阳府、按察司、巡抚各级审理时没有遇到"翻异"，一直到皇帝勾决，最多半年，即光绪六年五六月份执行死刑。但实际执行死刑是光绪七年七月。由此可以推断，镇平县上详即审结的时间不会早于光绪六年底至七年初。这就是说，此案在镇平县停留有一年之久。而这么长的时间，使得胡体安与总役头刘学汰有充足的时间进行各种"运作"和"交易"。

第四，从常理上判断，马知县如果在案发后很快就抓到盗贼，就没有必要为"考成"即"四限"没有抓到盗贼要开去官职而担心。这从逻辑上也不通。因而可以推断，镇平县从"破获"到审理完结此案的时间很长，至少在一年以上。

第五，从盗贼"押毙"的报告也可以印证这一点。镇平县上报详文时，说前后抓获的六个盗犯，有四个已经死在狱中，这就是跟随王树文一起被兵役抓获的胡广得、范猪娃，还有总捕头的哥哥刘淦汰抓获的三人中，除了放走的胡体安之外的两个人。王树文之所以活下来，是因为他要顶替真凶胡体安，而此时的胡体安早已改名换姓，到了偏远州县，花了一笔钱，做了衙役头目。如果镇平县很快破获盗案，并在很短时间里完成初审，这四个盗犯似乎不会"押毙"。这也反证案件在镇平县停留了较长时间。

2. 沿街呼冤

光绪七年（公元 1881 年）七月初八这一天，河南省城开封府，刑场上布置森严，刽子手刀光闪闪，法场外的人群黑压压一片。这一天，将要处斩一个盗劫团伙正犯，此人名叫胡体安。

当天早些时候，河南巡抚涂宗瀛接到刑部转来的、带有皇帝"勾决"字样的死刑文书，见上面写道，奉旨：胡体安著即处斩。余依议，钦此。

涂巡抚又令属下查看今天是不是停刑日期，按照法律规定：凡遇庆贺等节日，以及斋戒、封印、上元、端午、中秋、重阳等节日，不理刑名，更不能处决死刑犯。

查看可以行刑后，当即由河南按察使司，即一省最高司法官领头，在监斩官抚标中军参将、开封知府等严密押解下，将死刑犯胡体安从死牢里提出，验明正身，押赴法场。

犯人脸上刺的"盗犯"两个大字引起人们的格外注意，而就在犯人押赴法场的路上，胡体安却拼命高喊："我是邓州的百姓王树文，我不是胡体安。你们答应我不死，今天为什么食言要杀我？我冤枉啊，冤枉！"

更令人奇怪的是，运送死囚犯的槛车经过城隍庙街时，驾车的两个人竟然不能控制，马匹不听驾驶，直接奔入庙内中庭，才停下来。

由于犯人一路上不停地喊叫，又有槛车马匹不听使唤，自入城隍庙的事发生，围观的人群尾随其后，越聚越多。人们纷纷议论，有的说，槛车跑入城隍庙，这恐怕是城隍神显威，此案不公。还有的说，看盗犯身材矮小、瘦骨嶙峋的样子，怎么能是正盗呢？

这一幕，也把监斩官吓得目瞪口呆。因为他知道，对于难以审理的案件，官员往往在城隍庙来审，是神判的一种。

中国很早就有刑人于市，与大众弃之的传统，这就是所说的弃市。城隍庙与巡抚衙署非常近，巡抚听见街外喧闹吵嚷，连忙让手下人打探究竟，人还没有出去，就见开封知府唐咸仰急急忙忙走了进来，向巡抚禀报犯人胡体安法场呼冤的事。

巡抚按照法律规定，当即下令停刑，并令唐知府审理呼冤案。至此，一件盗案引发一件更大的呼冤案。

中国自唐代就有呼冤中止死刑执行的做法，到明代已形成制度。明朝规定，死刑重囚在提至法场执行时，如果犯人临时喊冤，或者他的家属，击登闻鼓喊冤时，法司及行刑人员应立刻停止执行，并由决囚官一变而为审判官，当即再加推鞫，如果有冤枉，即对原审官吏追问，依律改正；如果官员遇有称冤而不为审理时，按故入人罪例处罚。

清代沿用明代的做法，到嘉庆十二年，正式载入《大清律例》"辩明冤枉"律中，规定也更为详尽，主要内容包括三项：

一是凡处决人犯，有临刑时呼冤者，奏闻复鞫。

二是如审明实有冤抑，立即为其昭雪，将原审官参奏，照例惩治。

三是如果死刑犯是妄行翻异，希望借此苟延性命，除原犯斩罪仍即处斩外，如原犯绞罪者，罪加一等，改为斩罪，即行正法。

前两条是针对官员的，一面上奏，一面审理，如审出冤情，立即平反，并对原审官按照法律规定，予以惩罚。后一条是针对犯人的，如果借此延缓性命，犯绞罪要加等处斩，立即执行。

3. 唐知府审案

开封府是河南首府，即省城所在。而知府唐咸仰的态度对本案关系至大。因此，我们要详细介绍唐咸仰其人。

唐咸仰是广西宣化县人，道光拔贡，一直在河南任知县官，因善于治盗，多次获准引见并升任滑县、卫辉、归德、河南府，呼冤案发前，他正署理开封知府。开封府是省会所在地，管辖十六州县，不但政务殷繁，并常有全省发审案件需要处理，又滨临黄河，协防责任甚重，呼冤案发前，以东河总督身份兼署河南巡抚的李鹤年以唐咸仰才识练达，一切办理裕如，请升任开封知府，但吏部以唐咸仰并未到任河南府，驳了回来。河南巡抚涂宗瀛随即又上奏，称唐咸仰才识练达，办事精勤，现署开封府，所有谳务、河务及一切政务，措置裕如，且在河南年久，于省会情形也非常熟悉，以他调补开封府，实在于省会要缺有大裨益。此时的唐咸仰年已64岁，他的才能和干练，早已上达天听，而李鹤年、涂宗瀛同声称赞他，更可见他的才品非同一般。

唐咸仰接到巡抚的命令后，立即对呼冤案进行初步审理。他没有动刑，并让犯人从实招来。犯人遂将他是哪里人，如何被骗的过程，一一道来。

他说："我名叫王树文，今年18岁，是南阳府邓州东乡大汪营人，家里有父母兄弟妻室，我的父亲叫王纪福，母亲姓邓，我还有个哥哥叫王崇山，做小买卖为生。光绪五年十月二十五日，我因为花费了哥哥做买卖的钱，父亲将我殴打，我害怕，就拿了家里七百文钱逃出，晚间跑到半路，在不知地名饭铺住歇，遇见胡广得、范猪娃，各自问了姓名，因住在同一个房间里，遂将从家里逃出的事告诉胡广得二人，胡广得让我跟随他，就不会没有饭吃。第二天又在饭铺住了一夜。第三天即二十七日晚上，胡广得、范猪娃将我带到一个庙里，见有五六十人先在那里等候，后来又陆续来了不少人，我都不认得。我并不是南阳府直属的南阳县民胡体安，也没有参加抢劫镇平县张肯堂家的团伙，我是被错抓了人，因屈打成招而认了强盗。"

唐知府随即将刑场呼冤及初步审理的情况直接向巡抚禀报。

法场呼冤，一时传遍省城。因为按照法律规定，一旦平反，审理此案的各级官员就要受到惩罚，丢官事小，还要担刑责。因而，此事一传开，当初审理此案的各级衙门的长官，立即行动起来。

最初审理此案的南阳知府任恺，此时已经升任道员，他听闻此事后，最先来到巡抚衙门，为自己洗脱干净，说当时审理镇平抢劫案，提审盗犯胡体安时，并没有刑讯逼供的事，这有案可查，现在听说该犯呼冤，请巡抚大人提该犯复审。全程做出一副很公正的样子。紧接着，原来审理此案的署理按察使、现任道员麟椿也向巡抚面禀，并无刑讯之事。

七月十一日，河南巡抚涂宗瀛得到按察使豫山有关临刑呼冤的正式禀报。十天后即二十日，涂宗瀛向皇帝上了奏折，奏报此事。这份奏折的内容大体有四。一是经朝廷批复后，将胡体安验明正身，绑赴市曹时，该犯呼冤。二是署开封府唐咸仰初步审理的情况，即前面王树文交代的主要情况。三是原审南阳知府、现升任开归陈许道任恺，前署臬司、现任粮储盐法道麟椿面禀并无刑讯之事。四是巡抚本人对该案的看法及做法，这部分也最为关键。他表示：该犯胡体安临刑呼冤，是否真有冤抑，或是妄行翻异，希图以此逃脱法律制裁，应当立即复审，以免冤枉或纵凶。现已饬令臬司遴派妥当官员驰往审查，一面札调原审官镇平县马知县，提同原拏捕役，检同卷宗来省，由臬司督同开封府亲提研鞫，务得实情，分别惩办，不得稍涉含混。

涂宗瀛的这份奏报，是呼冤案发后清廷第一时间得到的奏报。从此，震惊河南的盗案及其所引发的呼冤案，经由京城而传遍全国，除正盗胡体安之外，名不见经传的最底层的小人物——王树文，也开始为更多的人所关注。河南盗案也逐渐露出它的庐山真面目。七日后，即二十七日，军机大臣奉旨：刑部知道。

　　法场呼冤的到底是胡体安，还是王树文？眼下的死刑犯难道真的被掉了包，是冒名顶替吗？

第三讲

急转直下

1. 千里认亲

尽管《大清律》有法场呼冤停止行刑、重新审理的规定，但真正发生这样的事情，多少年也没有一件。当然这绝不是说，没有冤案发生，而是一旦呼冤案发，并奏报皇帝，势必成为全社会关注的焦点，更成为官员角力的所在。

按照法律规定，辨明是否是冤案，须开具冤枉的事实，依法改正，参与审转官员要负刑责，轻则杖一百、徒三年，重则配发极边烟瘴。这就使得所有当年层层审转的大小官员慌了阵脚，他们首先也是唯一要做的，就是千方百计阻止翻案，从而保住自己的仕途前程，至于一个小小百姓是否有冤屈，他们是不在乎的；而正直的官员坚持平反昭雪，故而在河南形成了明显的两派。其中关键人物无疑是一省之长的巡抚大人涂宗瀛和受命重审此案的开封知府唐咸仰。

提起涂宗瀛，在今天的安徽可以说是远近闻名。此人是安徽六安人，1812年出生，举人出身，早期做师爷，太平军进入安徽时，办过团练。但仕途一直不顺。同治初年，51岁的他进入曾国藩幕府，是曾国藩"三圣七贤"中的"三圣"之一。由于筹办军粮有方，没有军功、没有进士头衔的他被曾国藩保举做了江宁知府。后来又得到重视本乡人的安徽人李鸿章的提携，升任上海道员。再后来任湖南按察使、布政使。史书上称他正直敢为，不避嫌怨。光绪二年，升任封疆大吏，出任广西巡抚，一年后调任河南。当时河南大旱，他拿出自己的养廉银和俸禄一万两千多两赈济灾民，因而在河南百姓中颇有民望，是个好官。直到呼冤案发，他在河南任巡抚已经五年。前面说过，一年多以前上报的盗案，将王树文列为正犯的河南最高长官就是涂宗瀛。按理说，这个案子翻过来，他也有失察之责，所以单纯从自身利害的角度看，他也应该阻止翻案。但史书评价他为官正直，不避嫌怨，以儒家思想作为自己从政的追求。

王树文法场呼冤后，已经70岁的涂宗瀛没有因为自己到了退休的年龄，而将案子搁下来，更没有因为这个案子是他经手的就阻止翻案，他上奏朝廷，表示"务得实情，不得稍涉含混"，同时指令臬司督同开封知府唐咸仰认真审理，重点是法场呼冤的王树文与大盗胡体安是不是一个人。

唐咸仰接审此案后，感到千头万绪，还是从提审法场呼冤者入手，才能弄清胡体安是否另有其人。王树文说，他根本不是胡体安，也不是南阳县人，是邓州人，因自己脸上长了很多疙瘩，当地人叫他王疙瘩，他的父亲名叫王纪福，是邓州的农民，母亲姓郑，已经病故。还有个哥哥，做小买卖为生。"我既没有参加抢劫，也没有分得任何赃物，身上的七百文钱是从家里逃出时拿的。这些长官可以核实。"

既然王树文是邓州人，而胡体安是南阳人，两人籍贯不同，而王树文称自己有亲人，这对于弄清案情真相，至关重要。为了核实情况，巡抚涂宗瀛下令邓州知州朱光第设法找到王纪福，并送到省城当面认亲。

按理说，有巡抚大人发了话，而巡抚大人也是当年审理此案的最高长官，在河南查清这个案子不是很困难，下级官员也没有阻止的理由。但情况显然不是这样。

最先出来强力阻挠的是从前审理此案、当时的南阳知府，此时已经升任道员的任恺。他驻扎在省城，得知巡抚下令要找王树文的父亲到省城认亲，感到大事不好，因为如此一来，姓王姓胡就会真相大白，那样案子就会翻过来，自己的乌纱帽丢掉不说，还要受到刑事处罚。任恺曾是南阳知府，是朱光第的上级，升任道员后，虽然不直接管邓州，但权势更大。遂发动他的人，百计阻挠。任恺还亲自给朱光第写了一封信，明确告诉朱光第，不要把王纪福送到省城来，信中威胁利诱，无所不用其极，最后警告朱光第，如果不按他的意思办，将来对其仕途不利。

接到任恺威胁利诱的信后，朱光第彻夜难眠。他想到自己少年孤贫，早年游幕江南，一直做幕友，平生以本省（浙江萧山）名幕、乾隆时最有名的师爷汪辉祖为自己的榜样，立志秉公办案，后因功到河南帮助处理积案。任邓州知州后，适逢大灾刚过，自己全力让百姓休养生息，因此可以说问心无愧。人的一生有时可能必定要过几道坎，眼下如果按照任恺的意见办，可能日后仕途顺遂，但有违自己为官的初衷。如果不按他的意见办，极有可能自己的乌纱帽不保，但符合自己为官的初衷。于是他对任恺说："此案关系百姓生死，是非曲直应当公正审理，岂能如此相率蒙蔽？我绝不会为了自己的乌纱帽，而让无辜的百姓再受冤屈?!"任恺见朱光第软硬不吃，就让手下人强行阻止王树文父子相认。朱光第也想尽办法，不但将个人的荣辱置之度外，甚至冒着被暗害的危险，硬是把王纪福还有地保、邻右等多人送到了省城。

开封知府唐咸仰对朱光第的作为由衷敬佩，为免夜长梦多，立即安排从邓州来的王纪福与王树文相认。当堂对质的结果，确认王树文就是王纪福的儿子，而不是什么正盗"胡体安"。王纪福还说，光绪五年十月二十五日，因王树文花了他哥哥做小买卖的钱，一气之下，就把王树文打了，王树文害怕，遂拿了家里七百文钱逃出家门。

再与同来省城的王纪福所在的邓州大汪营里负责治安、户籍的地保，以及邻右对质，都说王树文是本地人，是光绪五年十月下旬因遭他父亲打骂才离家出走的。王树文的父亲以及邻右、地保随即在具保书上签字画押。

王树文还把自己的衣服全部解开，但见体无完肤，特别是整个脊背都是烧伤的戳记，证明他受到了刑讯逼供。

　　王树文父子相认后，唐咸仰坚信王树文是顶替胡体安，呼冤案应该平反。经过查访，他还得知：胡体安是镇平县有名的盗犯头目，曾充过衙役，抢劫张肯堂家后，他采取金蝉脱壳之计，又到新野县改名当差。于是将审理情况向巡抚涂宗瀛汇报。涂宗瀛指令唐咸仰将总捕役刘学汰以及所有县卷解送到省城。

　　这时，镇平县已得知呼冤案发，特别是当巡抚饬令镇平知县将所有当时抓捕盗犯和参加审案的差役，连同案件的卷宗带到省城时，师爷施游伯发现了一个很大的漏洞，就是当时报上去的人数不符，既然抓到了六个人，而四个人已死，那么，就应该还有两个人活着，除了呼冤者外，还应有一个人。为此，师爷捏造了一个名字，叫"刘体安"，还假造了一份供词，随即经马知县上报，说"刘体安"是逼迫上盗，情词可矜，因此"押毙"未办。这样，一共抓到六个盗犯，死了五个，剩下一个王树文，就符合六人之数。

　　卷宗到了省城后，唐咸仰很快就发现问题：镇平县上报死于狱中的五个人，除了一人监毙后有"尸格"存案外，其他四人都没有尸格，没有卷宗存案，更没有相邻州县官出具的验尸证明，究竟这四人是死于监押还是私下纵放，已不得而知。而且，所有犯人的初供只有寥寥数语，也没有箕斗指印，即犯人没有画押，是否是他们所供，值得怀疑。

　　按照巡抚的指示，唐咸仰将此案的关键人物——衙役总头目刘学汰押往省城。他到案后，王树文是如何顶替胡体安就不难水落石出。至此，呼冤案好像真相要大白，王树文在省监的死囚大牢里似乎也看到了生的曙光。

2. 河南高层换班

然而，就在巡抚紧密部署，指示唐咸仰彻查王树文法场呼冤，案件真相开始揭开时，涂宗瀛奇怪地调离河南，改任湖南巡抚，而自这年二月就以东河总督兼署河南巡抚的李鹤年正式接任河南巡抚。

河南官场最高层的调动，为呼冤案增加了新的变数，也让主持审理工作的开封知府唐咸仰感受到有形无形的压力，似乎在更高层面，有一双巨手在操纵着案件的走势。

按照档案记载，巡抚涂宗瀛是于光绪七年七月二十日上奏法场呼冤案的，二十七日军机大臣奉旨：刑部知道。但八月十三日，清廷发布调任涂宗瀛到湖南任巡抚的谕旨。这时，距离他上奏呼冤案不足一个月。如果按他接到皇帝发布的"刑部知道"谕旨来算，不足十天。由于东河总督李鹤年和河南巡抚都驻扎在开封，况且李鹤年当时还兼署河南巡抚，因而不像千里迢迢来接任，两人几乎没有进行什么交接。河南高层在呼冤案发后的调动，是正常的官员调动，还是中央层面与此案有更深的内情？如果是后者，预示着此案有很深的背景。

李鹤年正式接任河南巡抚后，他也成为本案最具影响力的人物。在本案以后审理乃至移交刑部的近两年时间里，他都是一个最有权势又与本案走到最后的人物。因此，我们要重点介绍一下他。

概括李鹤年的发迹史，有两个突出特点。

一是他与朝中重臣有着非常深厚而非同一般的关系。他是奉天人，道光进士，翰林起家，而一生发迹也是在河南，镇压捻军时，以创办豫军闻名，史书记载他善于逢迎，与恭亲王奕訢关系不一般。奕訢是清朝的二号人物，地位仅在慈禧之下。奕訢自咸丰四年以亲王身份出任首席军机大臣，除与慈禧争权，受到两次打压外，任首席军机大臣的时间近三十年，而同治一朝 13 年，直到光绪十年，连续任首席军机大臣 23 年之久。同时兼任总理衙门大臣，是名副其实的政府首脑。河南作为镇压捻军的主战场，李鹤年任河南巡抚期间，尽管多次贻误战机，受到皇帝指责，但都因恭亲王出面而得以保全。捻军平定时，奕訢拟请加太子少保衔以荣奖他，而平定捻军的头号人物李鸿章表彰诸臣功绩时，说李鹤年未离开封一步，因此，慈禧太后将恭亲王的提议搁置一边，仅将李鹤年的历次处分开除。除了恭亲王这一层关系外，李鹤年还是堪称清朝三号人物文祥的同年，二人交往甚密，关系非同一般。文祥坚决追随奕訢，多年担任军机大臣次席，同时任大学士、总理衙门大臣多年。

二是李鹤年长期在河南任巡抚，与河南官场有很深的渊源。同治五年，他从湖北巡抚调任河南，直到同治十年，任河南巡抚达六年之久。光绪二年，由闽浙总督调任河东河道总督，次年兼署河南巡抚。光绪七年二月，再度以河东河道总督兼署河南巡抚。清代重视治河，设立河道总督，称为河臣。这也是大清国最肥的缺位，清朝将盐、漕、河作为"三大政"，而以河臣最肥，每年开销数百万两，其中，大部分进入私人腰包。河臣最初驻扎在山东济宁。康熙时治河重点转向南河，即运河，以保障漕运顺利驳运，为此将河道总督衙门迁到江苏清江浦，即今天的淮安。后来河南多次出现黄河泛滥、决口事故，于是设立河东河道总督，即副总河，后驻扎在开封。李鹤年任东河总督，驻扎开封，且两度兼署河南巡抚，恰好在涂宗瀛到任前和离任后。因而，无论是李鹤年多年做河南巡抚，还是在任职东河总督期间两度兼署河南巡抚，都说明他是河南的实权人物。光绪七年这次接任河南巡抚，是他第二次出任豫抚，同时仍兼河督。而检索《清朝职官年表》，自雍正时设立河东河道总督以来，至呼冤案发的一百五十多年间，尽管治理黄河需要动用河南的人、财、物，但以河督身份兼河南巡抚的只有三四位，这其中就包括李鹤年。而河督是专缺，以河南巡抚兼河督的更是极特殊的事。这都说明，李鹤年有很深的背景。

3. 新官新部署

李鹤年与朝中二号、三号人物的这种关系，可以说，他怎么审，基本就定局了。但人们又有疑虑：原来审理盗案的涂宗瀛都能敢于公正审理，而与此案没有关系的李鹤年更没有理由，不实实在在地重新审理。此案的关节点之一也恰恰在这里。

李鹤年接任后，雷厉风行地对呼冤案进行重新部署，将审案人员上上下下换了个底朝天。当即添派知府王兆兰、马永修等十多人，日夜拷讯王树文，而将本案至关重要的人物刘学汰置之不理，刘学汰随即骑马回家。这明显是不准翻案。

镇平县也敏锐地观察到这个新变化，像受到了某种鼓励一样，更没有顾忌了。早在光绪七年正月，在镇平县程营村居住的程孤堆因为另案被押在县。呼冤案发后，同村人王老幺被差役拿获，供出他和程孤堆在抢劫张肯堂家时，一同被胡广得、胡体安安排持杆在外放风以及事后分得赃物的事实，但没有解往省城。因为这两个人过早出场，提到省城一审，盗犯只有数人的详文就不攻自破，案子就无法包住了。河南官场换班，特别是揣测出省里"一把手"的意图后，这两个犯人也就有了另外的用途，然后他们也就可以上省城"作证"了。

刘学汰耀武扬威地回到了镇平，这个地方还是他说了算。刘学汰兄弟两人来到县班房的西屋，这里监押着持杆放风的程孤堆、王老幺，刘家兄弟倒是很热情，问两人想不想活命，两人说一切由官爷做主。刘家兄弟说，你们只要做一件事，保证你们活命，就是你们到省城时，就说王树文是胡体安，你们平时认识。一旁的差役也帮助劝说。程孤堆和王老幺想到能捡回一条命，一个劲儿地千恩万谢，当即应允。一切安排妥当后，两犯于当年十月被押解到省城。

程孤堆、王老幺押解到省城后，向知府王兆兰"作证"，他们认识王树文，与王树文一同参与盗劫。而审问王树文，却拒不承认，但差役有办法让王树文"认识"。这是怎么一回事？几天之后，在差役的安排下，演出一场王树文向程孤堆借钱的事。原来，与王树文一同关押在一个号监姓李的人，后来被安排到与程孤堆一同监押。差役让李姓犯人通过程孤堆在过堂时向王树文借钱。王树文本不认识程孤堆，但程孤堆跟王树文说："跟你一同监押的李姓要向你借钱。"因是法堂上，王树文用耳语的方式与程孤堆推脱时，被一同审案的马知县"发现"，以此证明王树文与程孤堆早就认识。王树文不知这个"被认识"的情节完全是审案者的精心设计，遂无法争辩。至此，用盗犯程孤堆证明王树文也在案发现场，他就是胡体安的"取证"工作取得重大进展。而接下去，王树文与胡体安是一个人也就顺理成章了。

当年底，即光绪七年十二月，李鹤年向清廷奏报大概情形。所谓的"大概情形"，是大臣审案的一贯做法，表面上是先给皇帝一个报告，实际是试探朝廷意向，并为案件定调子。李鹤年这次上奏的"大概情形"，维持了原来对王树文斩立决的判决，并认定王树文就是胡体安。

这与涂宗瀛上奏的"基调"已经大不一样。呼冤案又急转直下。我们不仅要问：本来与自己没有干系的呼冤案，为什么李鹤年执意主导，不准翻案？难道背后有更深的隐情？是否朝廷的要员与此有牵连？而正直的涂宗瀛离开了河南，难道唐咸仰也会照新巡抚的意指行事，不翻案吗？

第四讲

维持原判

1. 不准翻案

李鹤年到任三个月后，就上了维持原判的"大概情形"一折。至此，呼冤案又急转直下。而一贯强势的李鹤年，认为他主导的审理结果，不会有第二个结论，因为在河南，不会有不识相的人敢与他这位说一不二的人唱"对头戏"。但显然这一次，他高估了自己的权势。这个人不是别人，就是受命审理此案、署理开封知府的唐咸仰。

李鹤年最初接任河南巡抚后，没有立即将唐咸仰调离，他还要观察这位知府是否与自己保持一致。同时，他另外组建了庞大的审理队伍，这支队伍他完全可以操纵。但后来他发现，唐咸仰还是在正正经经地审，全然没有敷衍了事的官场作派，他感到唐咸仰不识好歹，好像处处与自己作对，如果不把唐咸仰调走，就难以按照自己的意图来审。因为按照惯例，凡是各省遇有大案，煌煌谕旨虽然要求总督、巡抚亲自审理，但实际都是由首府长官主审。因而，署理开封知府唐咸仰不离开这个位置，就很难坐实王树文就是胡体安，呼冤案就有可能翻过来，那样的话，自己所奏的"大概情形"将来就会自打耳光，巡抚的权威就树立不起来，因此必须调走唐咸仰。但唐咸仰太有名，在朝廷是挂了号的能吏，他过去在河道总督任上，也曾上奏举荐唐咸仰，任正式的开封知府最合适。现在如果出尔反尔，显然不行。那最好的办法就是用升迁将他调离，然后再收拾他。于是他向清廷奏请，升唐咸仰为河东道员。

而一向正直有为的唐咸仰是否会甘于就范，为自己的大好仕途放弃原则？如果不放弃，他的仕途前程肯定会受到影响。关键时候，唐咸仰选择了坚持，坚持为本案平反。他能够做到的，可以说都做了。首先，他不肯在维持原判上签署自己的名字，这使得李鹤年非常尴尬；其次，唐咸仰还将本案的真实情况透露给外界，致使更多的人特别是御史言官们了解到更多有关本案的真相。

至此，我们又回到之前的一个很大的疑问：呼冤案发后，当年负责盗案审理的河南最高长官涂宗瀛都能够据实审理，为什么与本案没有关系的李鹤年执意不准翻案？其中是否另有隐情？

从常理来说，李鹤年不是原审官，即便案子翻过来，他不但不会受到任何处分，而且还会为自己博得"青天"一般的好名声。而令人不解的是，为什么他一接任河南巡抚，就执意不准翻案？难道他是基于事实的判断吗？晚清有一本很有名的书，叫《春冰室野乘》，被史家公认为是信史。这本书给出了一个答案。说的是南阳知府任恺，原来与李鹤年关系甚好，王树文父子相认后，知道真相将要大白，遂百计弥缝。他找到李鹤年，但李鹤年最初也不想袒护任恺，而李鹤年出身军旅，平素简贵，不屑于亲自处理案件之类的小事。恰巧唐咸仰将河南内部对案件的不同意见透露出来，而河南籍的御史言官乃纷纷上书，说李鹤年袒护下官，置百姓身家性命于不顾。李鹤年非常气愤，说法律规定，强盗不分首从，都是死罪，王树文哪里是良善百姓？即便他不是主犯，不是正盗，也是一个死，我岂能为了一个盗贼而让河南大大小小的几十个官吏丢掉乌纱帽？这样的话，河南盗贼将会更加猖獗。遂力反涂宗瀛前议。

也就是经由唐咸仰透露给外界，又经由御史的上书，使得李鹤年的为官公正受到质疑，他在河南的权威也受到挑战，而这是李鹤年不能接受的。

《光绪朝东华录》中记载，当年十一月，御史陈启泰上奏说，风闻承审呼冤案的各位官员，一意夤缘新任巡抚李鹤年，意在避重就轻，串令该犯诬认为从，如果拒不承认，就将其监毙灭口。皇帝为此发布上谕，令李鹤年迅将此案秉公讯结。

而李鹤年不准翻案，与他用重典严惩盗犯的主张也有关系。有一件事可以说明：就在呼冤案发的当月，都察院有位御史胡隆洵，向朝廷奏请，恢复康熙、雍正时期的强盗法律，即把咸丰时期所订立的凡是强盗已行案，但得财者，不分首从皆斩的法律，恢复为法所难宥，情有可原，仍分别首从，分别正法、发遣处理。清廷将此发交各省封疆大吏讨论，同时明令将就地正法章程停止。当时李鹤年是河东河道总督，不便表态。他接任河南巡抚后，审理呼冤案，御史上书说他不准呼冤案平反。李鹤年上奏维持原判后，于光绪八年三月向朝廷上书，表示河南军务虽然肃清多年，但南阳等地和外省相连，一直有盗匪潜伏，这些人凶顽成性，不实行严刑苛法，不足以震慑他们。如果改变旧章，犯法者难保不相率效尤，受害者反而以轻纵滋疑，有不得不借重典以遏乱萌者，不但不能恢复分别处理，就地正法也难以停止。等盗风稍息，再奏请改复旧制。在李鹤年看来，对这些盗犯，宁肯错杀，也不能轻纵。

2. 河臣会审

由于唐咸仰坚持依据事实审理呼冤案，加之御史质疑，皇帝又下谕旨令据实审理，使得李鹤年承受了一定压力。为此他在上奏"大概情形"为呼冤案定了基调的同时，请求清廷加派大臣一同审理呼冤案，清廷于是在光绪七年十二月甲申日，派刚刚接任李鹤年任河东河道总督的梅启照会同李鹤年复审。

清廷的这个安排，既有合理之处，也不无蹊跷。说合理是河道总督与河南巡抚同驻开封，与另派钦差大臣相比，省却许多周折和开销。同时，梅启照遇事敢作敢为，因剿灭海盗，被清廷授予"强勇巴图鲁"之号。他还与曾国藩审理过张文祥刺马案，后升任浙江巡抚。不合理或者蹊跷之处在于，梅启照到任不足两个月，还没有建立自己的班底，所用人员都是李鹤年的人。因为按照惯例，奉特旨审案，名为钦派，实际都是属官审理，大臣受成而已。李鹤年多年做东河总督，河工僚佐，十之八九都是他的故吏，平时秉承意旨尤恐不足。梅启照刚刚接任河东河道总督，审案时所带的几名下官，无一不是李鹤年原来的下属。这就使得钦派大臣有名无实，更多是走过场而已。

由于皇帝的谕旨说得很清楚，"派梅启照会同李鹤年讯明具奏"。因而从表面上看，是梅启照、李鹤年共同审理。梅启照最初还算认真，他派人会同汛兵将刘学汰家属全部押解到案，强令总捕役的家人将刘学汰交出，否则就不放出来。他还向清廷及时奏报程孤堆、王老幺翻供的情况：两人说根本不认识王树文，是总捕头刘学汰教供，他们才这样说的。这无疑对客观审理有很大帮助。

但梅启照很快发现，自己所带的审案人员，多方打探李鹤年的意向，不肯实审。而李鹤年又一意主导，梅启照也不想明显与李鹤年有异同。当身边的幕僚劝告他不要将实情上奏时，梅启照还为自己找借口，说：我又何尝不知道这个苦衷？我平生以不欺引以为戒，如果因为害怕受处分，就放纵强盗，义不为也。在他看来，即便因错判而承担责任，也比让可疑的盗贼逍遥法外要值得。[1]因而虽有会审之名，无会审之实，完全是李鹤年说了算。

---

〔1〕《清代传记丛刊——清代河臣传》。

3. 维持原判

以开封知府王兆兰等人为首的审判班子，完全按照李鹤年的意图来审，将本案的最关键人物刘学汰置之不问，让他再次逍遥法外。而审案组每天所做的就是严刑拷打王树文。在接下来的近一年时间里，所有的作为可以说，就是要坐实呼冤者没有冤，王树文就是正盗胡体安。

首先要推翻最初梅启照上报的程孤堆、王老幺两人的翻供，以此来证明王树文就是正盗。前面说过，一直监押在县里的这两人，他们都承认是那次抢劫案的正盗，而这两人又证明王树文与他们一同参与抢劫，于是将他们押解到省城。而梅启照接手最初，两人都翻供，说他们受到刘学汰的教供，其实他们根本不认识王树文，并提出四人教供的名单。此次复审，这四名教供者，包括刘学汰兄弟二人，哥哥刘洤汰已于光绪八年四月初二日病故，而弟弟刘学汰外出未归，另外二名教供者，经程孤堆、王老幺相认，根本不认识，既然不认识，何来教供？二盗犯承认以前所说教供是混狡。

三个月之后，审案组取得王树文认胡广得为义父，义父为他改名胡体安这一重大"突破"；又经过半年之久，取得王树文于光绪四年九月逃出家的"重大进展"。至此，形成了完整的证据链。光绪八年八月二十九日，由李鹤年和梅启照二位大臣联合上奏，对呼冤案做出复审，即地方层面的最后审理。

第一，确认王树文逃出家的时间是光绪四年九月，而不是五年十月。王树文经常在外游荡，曾于光绪三年冬天偷窃已故缌麻（五服内定罪从重）族祖王小熊家的一只绵羊卖钱，为他的父亲王纪福责打因而逃出，后来回家；光绪四年九月贩卖烟草赔钱，其父怀疑他是拿钱赌博因而责打，王树文于是在当月再次离家，并在船上结识了胡广得。后来二人各自分开，其后王树文到唐县大社营一带为人打工，闲暇时游荡，一直没有回家。五年二月，王树文到集市上去，与胡广得再次相遇，胡广得问清王树文所住地址。

第二，王树文就是胡体安。最直接的证据是王树文认胡广得为义父，义父为他改名胡体安。经审理：胡体安是邓州人，本名王树文，乳名叫王疙瘩。光绪五年八月，胡广得与范猪娃在大社营林碑地方找到王树文，邀请他跟随去湖北樊城做生意，胡广得答应管他的衣食，王树文应允。到了樊城后，让王树文在店看守行李，胡广得与范猪娃出外做什么，王树文不知晓。九月底，胡广得将王树文带到不知地名的地方，说这里无赖人多，为了不被人欺负，想让王树文认他为义父，范猪娃也在一旁劝说，王树文允从，胡广得当即为王树文改名胡体安，此后也就呼他为胡体安。王树文回到本省后，四处游荡。

第三，确定王树文参与谋划、抢劫张肯堂家，并分得赃物。胡广得先谋划于十月二十六日晚行劫，通过他人转约程孤堆、王老幺等到镇平县宋寺聚齐，往石佛寺行劫。当晚，胡广得、范猪娃领胡体安到宋寺空庙里，程孤堆等先后到。二十七日晚，在王河大庙会齐，胡广得起意行劫张楼张肯堂家，但不知道路，有一个不知姓名卖落花生的人说知道，胡广得让胡体安跟随同往。14 人携带器械进入张楼，胡广得让胡体安即王树文与程孤堆、王老幺，还有一个不知姓名的人一同在西寨路门内口看人，胡广得带着 10 人进入张家抢劫，得赃后跑出，与胡体安等 4 人跑到小河地方。胡广得让胡体安在村头坐等，自己带人将赃物带到空旷地方俵分。胡广得、范猪娃各得赃物一包，胡广得将自己的褡裢让王树文背着，内装水烟袋一支、现钞一千多文。次日黎明被抓。其他人因拒捕伤重，死于狱中。胡体安痊愈。

以上实际要证明：第一，王树文有前科，他偷羊这件事已经得到失主妻子的指认，此次参与劫盗顺理成章，又有程孤堆、王老幺两人证明。第二，王树文就是胡体安，他不是在劫案发生前两天从家中逃出，在下榻处与胡广得相识，而是在劫案发生一年多以前就离家出走，并与胡广得确立了义父义子关系，两人的义父子关系时间很长，因而他上盗不是胁迫，而是自愿，这使得对他的刑罚没有减轻的情节。至于王树文如何上盗，以及如何被抓获，因事隔数年，当时拿获王树文的兵役本来就是仓促派拨，加之多年，不记姓名，有的告退，有的病故，因而无法指认。其赃物也没能追获。

最后，会审的两位大臣上奏的结论是，王树文即胡体安，确系劫案正盗，毫无疑义，其临刑呼冤，是为逃脱法律制裁，按例应斩立决，因已经刺字，毋庸重刺。程孤堆、王老幺两人，也属同恶相济，应处斩立决。

应该说，由盗劫案引发的呼冤案，至此已经基本没有什么悬念了，王树文就是胡体安这一结论，使得呼冤者为自己翻案的最主要"证据"没有了任何价值。不出意外，王树文就要引颈授首。

但千百年来，在封建帝国的制度框架中，有最为发达的监察机构。多少年来，那些言官御史们拥有"风闻言事"的权力，他们也堪称是"无冤之王"，因为，他们不会因自己无根据的上奏、弹劾而负法律责任。而帝国的最高司法权，掌握在中央的刑部，皇帝的一句"著该部速议具奏"，又使得本案没有画上句号，而充满变化之机。

第五讲

浮出水面

1. 重参唐咸仰

李鹤年没有忘记收拾那些"不听话"的官员。朱光第,这位不惜丢掉乌纱帽,甚至冒着生命危险,执意把王树文的父亲送到省城,使得父子相认的那位邓州知州,此刻真真正正遇到了大麻烦。任恺找到李鹤年,大讲朱光第的坏话,李鹤年遂找了个借口,将朱光第革了职。这位一生以名吏汪辉祖为榜样的人,罢官后连回老家浙江归安的路费都没有,终老他乡。但在清朝近三百年多达十数万的州县官中,他却是为数不多被写入《循吏传》的人物之一。

与钦派大臣梅启照一同上奏,为呼冤案定案的同一天,李鹤年没有忘记收拾坚持为呼冤案平反的唐咸仰。这一天,他单独上了一个奏折,重重参了调任河东道的唐咸仰一本。李鹤年的密奏中,弹劾唐咸仰有三大问题:

第一,本案本来没有错误,而唐咸仰却说是冤狱。这是他想博得平反的美誉。他在审讯时一味含混，导致日久未能定谳。也就是说，案子久拖不决，是唐咸仰在从中作梗。

第二，唐咸仰交卸开封府后，由王兆兰接任，很快审出实情，但又有御史陈启泰上奏说臣（指李鹤年，下同）审理不公。臣于光绪八年三月十五日与梅启照一同亲自审理，胡体安所供，历历如绘，但此时唐咸仰从河南府调到省城会审，于定案时不肯画稿，并散布谣言。不久又有御史李暟上奏说臣袒护属员，故入人罪。御史本可风闻言事，而唐咸仰恣行臆断，一味护前，等到理屈词穷时，敢于造作浮言，颠倒是非，混淆众听，致使臣与河臣办理此案十分棘手。

第三，唐咸仰在河南已三十年，平日办事，尚称干练，操守也可信，曾经臣专折保荐，今所为若此，前后判若两人，实非臣意料所及。河东道总持盐务，关系非轻，恐非该员所能胜任。

李鹤年认定，必须把唐咸仰罢官革职，才能树立自己在河南的绝对权威，也才能使得王树文永无翻案的可能。唐咸仰因坚持公正审案而得罪河南第一大员，清廷立即派邻近的山西巡抚张之洞前往河南秘密调查。张之洞经过明察暗访，回奏时对唐咸仰极为称许，说他"安静老练，办事深稳"，而清廷在张之洞密查期间，已升任唐咸仰为按察使，这是对他坚持公正审案的肯定，当然，这是呼冤案移交刑部之后的事情了。

从李鹤年秘密弹劾唐咸仰的奏折中可以看出，他把御史的上奏，归结为唐咸仰不断为其提供"情报"。

从此案后来的走向来看，朝廷的御史似乎真的在呼应唐咸仰，一个唐咸仰在河南地界闹不出什么名堂，但御史们却不同，他们的上奏使得呼冤案几乎人尽皆知。

2. 御史上书，提出四大疑问

自从李鹤年上奏呼冤案审理的"大概情形"后，清朝加派梅启照一同审理，但直到四个月的复审期限过去了，李鹤年还没有任何上奏。而朝廷的喉舌也一直关注此案。其间，有多位御史上疏，其中，御史李暎的三次上书，影响最大，也对案件的公正审理起到了至关重要的作用。正是李暎的三次上书，使得人们都相信王树文是被冤枉的，而真正的盗犯胡体安则另有其人。也可以说，李暎的上书，推动了呼冤案的审理逐渐接近事实。

早在光绪八年三月，李暎就上书清廷，提出本案审理中有四大疑点：

第一，王树文是在镇平县初审时屈打成招，被逼认盗的。他说马知县初讯时，将王树文打了几千大板，又加火烙之刑，逼迫王树文诬认为盗，王树文脊背上遍是板花火印。尽管事过经年，但疤痕尚在，不难查证。

第二，王树文父子相认，证明与胡体安是两个不同的人，而非一人。刚调离的涂宗瀛定案时，并没有说王树文就是胡体安。呼冤案发后，涂巡抚讯明王树文是邓州人，有父母兄弟，与原供的胡体安是南阳人，无父母兄弟，完全不一样，可见绝非一人。父子相认，使得王树文的身份确凿无疑。而一到李鹤年接办此案，忽然生出王树文认胡广得为义父、改名胡体安这样的供词，将两人作为一人，勉强牵合。这完全是李鹤年袒护属员，故入人罪。

第三，赃证可疑。俗话说，捉奸成双，捉贼见赃。初次定谳时，以一个黄包袱、一个黑马褂作为王树文参与盗劫并分得赃物的证据。这在判定王树文死刑的文书中有明确地说明，当时咨部存案，现在可查。而核对事主的原呈失单，衣物有百余件，但并无这两件赃物。因此，黄包袱、黑马褂岂能作为真赃证据？

第四，证人可疑。指证王树文参与盗案的只有后来抓获的程孤堆、王老幺两人，庭审时，认定王树文与两人熟识，是因有王树文向程孤堆借贷一事，但此事出自解役之口，差役出钱串通教供，显而易见。其不足以作为真实可靠的证据，一辨可知。

李暎的这四点质疑，很有说服力。因而，当李鹤年、梅启照上奏结案时，就不能不做出回应。

关于第一点质疑，即王树文遭受严刑逼供，并以脊背上的火烙为证，李鹤年等的奏报是这样解释的：王树文脊背上的火烙，是因为马知县要他交待还有没有别的作案，他拒不交待因而用刑。有没有目击证人？找到原拿兵役，说因困乏歇息，没有在堂听审；找到执堂皂役，都证明王树文到堂就承认行劫张肯堂家，知县是为拷讯别案而火烙。就是说，王树文参与行劫是事实，并非刑逼而诬认，是承认在先，因拷讯别案而用刑留下的火烙。

针对李暎提出的第二点质疑，李鹤年等的解释说，王树文承认他认胡广得为义父并改名的事，到案后怕家属受累，因而最初没有将本名供出，王老幺、程孤堆也说，他们一起行窃时，只知道他叫胡体安，不知他叫王树文。而王树文呼冤后说自己有妻室，但王树文的父亲说他根本没有娶妻，可见王树文一贯信口捏造，以伪乱真。

关于李暎质疑两件赃物即黄包袱、黑马褂不是真赃而是假赃，李鹤年等定案时解释说：当时王树文说这是他自己和胡广得所用之物，事主失单中也确无黄包袱、黑马褂。其后事主当堂认出这两件衣物是赃物，事主还指认，这就是失单所开的紫花被单。而我们这一带，将紫花又称黄花，想来是县官误报所致。至于王树文在县里所供为什么与此次不符？据王树文说，他与胡广得不分彼此，当时盗得的赃物，并未声明他分何物。李鹤年等据此认为：胡体安即王树文，本是胡广得义子，跟随衣食，胡广得之赃即同胡体安之赃，彼此原无分隙，现讯明两人连赃并获，又经事主指认原赃，两人自是本案盗犯，没有任何疑义。

关于李暎的第四点质疑，也就是对证据的效力持有异议，对此，李鹤年等解释说：办理盗案与人命案本来不同，如果不用同伙盗犯作为互证，实在没有办法从其他方面别寻证佐。而差役是无意中发现，王树文与程孤堆不但认识，而且在堂下谈笑称贷，经提讯质明，两人素来熟悉。因而王树文在堂上供说不认识，也就不攻自破。

——反驳了李暎等言官的各种质疑后，李鹤年等又做出一副公正的样子，指出御史没有指出的而当年马知县原详有误的信息，并予以更正：一是胡体安实际是光绪五年十月二十八日获案，而原详误写为二十九日被获；二是现讯胡体安即王树文上盗时手拿竹竿，原详说是空手同往；三是现讯王老幺是在外看人，原详称是翻墙进院；四是原详说参与上盗的是 10 人，现讯是 14 人。

但仔细推敲这四点"更正"，并不是像李鹤年等上奏时说的"与案情并无出入"，实际上更坐实了王树文之罪，使得将来刑部即便想援引减轻处罚的法律条款都不能。说得通俗些，就是王树文必须死。而对王老幺等的"更正"，是为将来减轻处罚做铺垫。

定案上奏最后明确说，以上结论是李鹤年与梅启照两人，同审案所有官员对本案"殚精竭虑，辗转行查，详加研究"的结论，毫无疑义。

3. 李暎二上书，直指入人死罪

中国第一历史档案馆完整保存了李鹤年、梅启照关于审理此案的上奏原件。应该说，这份定案的上奏充满漏洞，对御史等人的质疑解释得非常牵强，也就不足以让世人信服。

为此，御史李暎就李鹤年、梅启照的复审，再次上疏，并将呼冤案与几年前审结的杨乃武案作以比较，提出只有解送刑部，才能水落石出。

李暎说，早在梅启照、李鹤年没有上奏结案前，我就访闻那些从河南来京的人，几乎众口一辞地说：此案如果一经平反，能保全一个无辜百姓的性命，但不能免除多位监司大员失入的处分，因而需要锻炼弥缝，不能不宽以时日。这就是呼冤案复审将近一年，久而难决的真正原因。昨日听闻此案梅启照、李鹤年仍维持原判，更加证实了社会上所说的话十分可信，而河南官场官官相护的积习深重，实在难返。

李暎说，从来盗案以赃具为凭，刑责以伤痕为据。此案火印板花既然为王树文身上所实有，黄包袱、黑马褂既然为张肯堂失单所本无，刑逼诬认，这本来就是不用费口舌就明了的事！而复审说火印板是为考讯有无别案所致，难道还有比此案更大的案子吗？王树文如果承认此案，就是死罪，即便再有其他案子，也罪在不议，又有什么必要以非刑相加？黑马褂是胡广得自己的物品，岂有以贼衣作赃之理？黄包袱一件，必要证以语音相似，始知即为失单中的紫花被单，但失主与盗犯居住同地，口音当无不同，何以张肯堂失单不说黄包袱，王树文原供不说紫花被单，一旦被人指驳，始勉强牵合，说黄包袱就是紫花被单，这就难怪复奏时王树文就是胡体安了。

李暎指出本案若如此审判，将来后患无穷。他说，人世莫大于生死，如果可以拿那些影响无据之词出入人命，臣恐怕此风一开，各省封疆大吏都以为律例不足以做定案凭据，什么御史言官、人言都不必畏，而敢于草菅人命又无所顾忌，欺饰皇帝、皇太后而毫不恐惧。

李暎最后说，我由此想到余杭杨乃武一案，学臣胡瑞澜不能平反杨昌浚所定之狱，因为学臣所派问官，不能不用地方属吏，地方属吏不能不附会封疆大吏的意旨。今梅启照初次审讯，尚有差役教供的奏报，后来辗转因循，最终仍照原谳，与胡瑞澜前事，如出一辙。如果不提交刑部审理，恐怕不能洞悉案情。我还听闻，胡体安原充皂役，逃匿未获，问官规避处分，不肯深究。请求朝廷下旨，饬令梅启照、李鹤年迅将全案人证、卷宗解交刑部审办，并饬李鹤年派员守护，不得致王树文监毙灭口，不难水落石出。

呼冤案的走向，我们看到舆论很好地充当了第三方的角色。而将御史的上奏归结为舆论的力量，还不如说是监察的力量。因为，按照清代国家机构的构架，御史属于都察院，且是都察院中力量最强之所在。而都察院职掌全国的监察，法律赋予其纠劾百司、辨明冤枉、讽议国政三大职能，俗称三大法司之一。御史的选任，多是进士出身，且通达治体。我们在所有平反的案件中，几乎都能看到御史的作用。

当钦派大臣梅启照与河南最高长官李鹤年关于此案的定案上奏，刚刚呈上去，皇帝还没有下发谕旨，即还没有批示进一步的处理意见时，李暎的上奏非常及时，也无形中为呼冤案的公正审理，做了很好的铺垫和舆论动员。

九月初六日，军机大臣奉旨：著刑部速议具奏。

这是除重大案件之外，所有案件的最后程序。呼冤案也由此走向清朝的最高层面。此时，距离盗案案发，王树文已经在监狱中，度过了三年多的时光，他也由当初不足 18 岁的少年，步入成年。漫长的一千多个日夜，他不知道，自己最终的命运将会如何。他也无法想象，在高墙的外面，有越来越多的官员，甚至是高官，为了他这个最底层的小百姓的命运，也为了维系哪怕不多的司法公正，奋力抗争，奔走呼喊。而所有的一切，都聚焦在刑部这个清帝国最后一道司法防线上。

第六讲

移交刑部

对于到达刑部的命盗案件，通常的做法是，由秋审处的官员就地方大吏的拟判奏文，结合全案供招，进行推敲，内容包括事实有无漏洞、是否符合情理，援引的法律是否恰当等多个层面，如果发现明显问题，就用"驳文"，发回重审；如果仅仅是某个具体的不影响判决方面的瑕疵，则令其补充。从现存清代的"驳案"看，刑部绝非走形式，而是起到了很好的最后一道"复核"的作用。

刑部对河南的拟判奏文进行研鞫，就发现了诸多疑点，因为全案供招即"招册"还没有到达刑部，于是先行上奏，说等供招到时再详细答复。清代法律规定，凡涉及人命重案，除由地方督抚对案件拟判专折奏请外，要随案呈报招册，即有关犯、证的全案供招，以供刑部等三法司核查、研鞫。不久，刑部收到全案供招，经逐细查核，认定有很多徇弊、牵混之处。

就在刑部准备驳回时，又接到李鹤年的"附片"奏请，请求不要将程孤堆、王老幺两人处以斩立决，因为两人还另有犯案，正是这份"附片"让刑部明确判断出，河南官员在审理呼冤案时肯定存在徇私舞弊。

河南的这个上奏是附在王树文呼冤案的审拟之外，即"片奏"，类似案件的补充说明。因为按照一事一奏的规定，特别是罪至斩绞的人命案件，必须专折奏报，因而与本案相关但又属于另外有请求的事项，就用"附片"。片奏说，在审理呼冤案的过程中，又盘获光绪五年五月十六日的一件人命案件，牵涉程孤堆、王老幺二犯。据王河大庙僧人、地保说，此二人于光绪五年五月十六日，伙同在逃的张佩魁持刀入庙，张佩魁将在庙借宿的捕班散役王三娃杀死，行凶者张佩魁已经逃出，没有抓获。而程孤堆将僧人打伤，已经平复，王老幺在旁助势，并未动手。提讯程孤堆、王老幺二犯，但拒不承认。调阅该县案卷，有诸多疑窦，现在尚未查明。

也就是说，二人成为另外一件人命案中的重要证人或从犯。因而李鹤年奏请说，如果抢劫张肯堂家一案经刑部核准，而杀死散役一案尚未拟结时，请将二犯暂时羁押，等杀死散役这个案子结案后，再将二犯处决。

刑部立即明白，这明显是为程孤堆二人开脱罪名作铺垫。遭人陷害、替别人顶凶的王树文法场呼冤，但李鹤年审理的结果是原判没有错误，而真正的盗犯却可以刀下留人！刑部毫不客气地反驳说：程孤堆、王老幺二犯伙劫张肯堂家一案，罪已至斩，即使二犯在大庙里真有伤人、助势这些罪行，其罪行也在轻罪不议之列。捕役是在官的人，一旦被杀，就是重案，而正凶没有抓获，按照法律规定，知县必须照例具详，如果知县隐案不报，巡抚肯定要参劾，但核查光绪五年五月以后所有河南的初次参劾、二次参劾文武官员缉拿凶犯不力的案件，并没有此案在内，由此可以断定，这件所谓的人命案，是凭空捏造的。退一步讲，即使确有此案，证佐已经存在，又何须等待二犯供词以为将来抓获正凶印证？更何况二犯既然承认与胡体安一同行劫张肯堂家这样的死罪重案，反而对轻罪不肯承认，这大出情理之外。设想二犯始终不认有这桩犯案，正犯张佩魁也永远抓不到，不知又将如何归结？显然是程孤堆二人为另案贼犯，承审官行贿串通，教唆供词，令二人为胡体安做证，答应不死，因而编造这个没有根据的案件，作为将来开脱的借口。二位大臣并不查核真伪，受审案官员的愚弄据此上奏。刑部指出，总核各省案件，从无将死罪人犯暂行羁禁，为做轻罪案的证佐，而不与同样犯死罪的其他人犯一同处决的先例；此案如此含糊办结，姑且不论有无别的情弊，即此一端，已属巧为尝试，有心蒙混；请旨令李鹤年等人，查出此案是谁主稿，先行交部议处。

在御史李暎等人的一再质疑下，特别是刑部指出李鹤年审理呼冤案，显然有情弊，现在又编造另外的案件为正犯开脱，使得朝野上下都闻知河南在审理呼冤案时徇私枉法，也使得清廷下决心，将案件移交刑部，以便彻底查清此案。

九月十二日，即皇帝"著刑部速议具奏"谕旨下发后的第六天，皇帝再次发布上谕：呼冤案经梅启照、李鹤年讯明拟结，当谕令刑部速议具奏。旋据刑部奏称，查阅原奏，疑窦甚多。此案迭经御史风闻陈奏，究竟有无冤抑，若不详慎推求，不足以成信谳，即著李鹤年将全案人证、卷宗，派员妥速解京，交刑部悉心研鞫，务期水落石出。

本来，地方拟结的案件移交刑部，向来无此政体。如杨乃武案，也是经过重重波折才移交刑部，而此案，王树文是再普通不过的底层百姓，他的家人没有在地方上告，更没有到京城控告，案件却顺利移交刑部。上谕中讲的理由有二个，一是刑部发现河南审案时明显有徇私行为；二是御史纷纷上奏，提出质疑。在清廷看来，如果听任李鹤年这样定案，无异于是对封疆大吏草菅人命的放纵，也无法向朝野交待，更令天下百姓失望。

那么，案件到了刑部，王树文就会平反昭雪吗？一贯意气用事的李鹤年，难道就会善罢甘休吗？

第七讲

刑部大审

1. 解送前的"销案"

刑部的反应非常迅速，十四日接到上谕，当即将应讯人证分别开单，于十六日用最迅捷的办法，"飞咨"李鹤年。

对皇帝将案件移交刑部的决定，李鹤年大为不满，说白了，这是对他的不信任，他感到难以接受，他稽留证人不算，还上奏辩驳。刑部上奏说，臣部于十六日飞咨该巡抚，而河南与京畿较近，非道路甚远相比，何以至今一个月过去了，尚没有接到该巡抚将人证起解的奏报。请皇帝下旨令巡抚立即派员接送。

查阅档案，李鹤年直到十月二十六日，才开始将第一批犯证起解。李鹤年还不忘为自己辩解，说当时只有胡体安、程孤堆、王老幺三人在省监，其他人或者保释，或者不在省，催提需日。其后，将人证18人及卷宗等，分三批递解刑部。

从京城到开封，按照清朝公文传递的日期规定，最多一周到达，如果加急，即飞递，四日可达。故李鹤年应该于九月二十日前后接到将呼冤案移交刑部的上谕。但一个多月后，才开始解送。

在这长达一个多月的时间里，李鹤年等人做了什么？实际是做"销案"工作。本案最重要的当事人，也是关键证人刘学汰、刘佺汰、刘十黑等人，是他们得赃纵放真正的盗犯胡体安。但是，这几个关键人物，在八月底李鹤年等上奏的结案报告中还平安无事，而到了要解送刑部时，却全部死亡。特别是那个删改口供、捏改详文的师爷施游伯也奏报死亡。

这就是说，关键证人一死，只要正犯胡体安抓不到，河南就可以抵赖。还有，南阳知府后升任道员的任恺，最初是主要审转官，呼冤案发后，始终是阻挠平反的最重要人物。据李鹤年奏报，他也病故。

李鹤年所做的当然绝不限于此。前面讲过，他与重臣文祥是同年，早年又一起课读，又有恭亲王奕䜣做后台，案件到了京城，也绝对不会风平浪静，一帆风顺。

2. 刑部初审

光绪八年十一月，在清廷的一再催促下，李鹤年将销案工作做完后，把一部分人证连同卷宗、赃物等解送刑部。

刑部高度重视这一案件，由协办大学士、满尚书文煜牵头，汉尚书潘祖荫、著名的陕派律学家、刑部侍郎薛允升等亲自督审，并破例加派最干练的律例馆司员共八人参加会审，而员外郎赵舒翘成为本案平反的关键人物。

刑部经过昼夜推鞫，包括王树文在内的三个盗犯全部翻供，事主张肯堂也供出镇平县更多舞弊内情。刑部综合严鞫，发现三大问题：

第一，伙盗人数和赃物严重不符。事主张肯堂说，伙盗有上百人，绝不是十几人，因为我家里帮工、家丁共有二十几人，强盗带有器械，将张家包围后，四面围绕，施放洋枪，因此邻里都不敢进；而失盗的物品仅衣物就与事主所报少五百多件。刑部为此核查镇平县原来的卷宗，与当时事主所报相符，说明镇平县上报详文时大案化小，欺上瞒下。

第二，作为定罪的真赃不符。事主张肯堂说，我从前报的失单中，并没有黄包袱、黑马褂二件物品。黑马褂不是我家东西。我到省城后，马问官（知县）教我认赃，我怕含糊结案，不肯具结，让我跪了半天，我只得画供。我没有供过紫花也叫黄花的话。光绪八年六月，丁委员到县拿出一个水烟袋，叫我认赃，我说我所失的烟袋是低挺方头的，这烟袋是高挺圆头的，不是原赃。丁委员说，认了也不要紧。我始终不肯认。

后经刑部查明，黄包袱是由黄绸裙涂改而成，李鹤年前次所报的紫花和黄花在当地混音，完全是狡赖，而包袱与被单的大小也完全不同，黑马褂是胡广得自己随身用的衣物，因此，作为赃证已不成立。

第三，王树文与胡体安是二人，而不是一人。镇平县家丁、差役等都供述，马知县将王树文责打一千多板后，又用火香烧戳，王树文才供认行劫张家，王树文脊背上的火烙并不是因为考讯是否有其他作案所致。差役们还供说，正盗内确实有胡体安这个人，拿获后刘家兄弟得赃释放，逼王树文顶替，说明在镇平县时，王树文与胡体安已是两人，马知县有心庇护，严刑逼供下，王树文诬认。

鉴于以上舞弊情形都涉及马知县，刑部为此奏请提解马知县到部，光绪八年年底，马知县到部。说来也巧，当年马知县进京考进士，主持考试的就是刑部尚书潘祖荫，因此，二人有师生之谊。而今，马知县以戴罪之身，进京后拜谒潘大人，见面后道出原委，特别说到刑名师爷如何涂改供词等事，潘尚书怒不可遏，下令将马知县革职。

就在刑部全力审理此案的时候，李鹤年丝毫没有置身事外，反而通过他在刑部的内线，了解刑部的一举一动，并试图左右审判，俨然成为另一条看不见的战线。

刑部截获了两封发自内部的密札，写信人没有署名，但要求收信者阅后将信烧毁。

第一封密信中说，承询临刑呼冤案，要犯、人证提讯到京后，刑部复审，各犯与干证，全行翻供，大约一定平反。提审镇平县令马某到部后，方能定案。此案与浙江葛毕氏前后颇相类。

第二封信说，呼冤之案，自人犯解到后，日夜研鞫，王树文供出为贼看守衣服，并未行劫，亦与胡体安不认识。王老幺、程孤堆均供认持械为贼把风，捕役贞全供认，教令王老幺、程孤堆诬指情事。现在提马知县来京，并查拿胡体安以及镇平县捕头刘学泰等送部。呼冤之案已具平反之势。

第二封密信特别说明：此案弟未与审，然派审诸员大多是弟之旧交，因而得知梗概如此。

看来，刑部内也有"潜伏"，最高司法机构遇到了一个强有力的对手。

到了年底，刑部已经审出大概，提出呼冤案有两大疑点，必须厘清，一是王树文与胡体安到底是一个人还是两个人，如果是两个人，王树文就是顶替胡体安。二是王树文究竟是否有冤，以他是否上盗，即是否预谋、参与盗劫为断。经审理，盗犯胡体安另有其人，而王树文不在案发现场，他不是盗犯：

第一，邓州知州朱光第，已经取得王树文的父亲、地保、邻右的具结，王树文是光绪五年十月二十五日自家逃出，距离盗劫张家仅隔一日，经查阅原卷宗，及李鹤年所派委员禀报，而直到七年十二月初一日堂讯时，才第一次出现胡广得收王树文为义子的说法。复审者也发觉，王树文与胡广得邂逅，即称他人为义父，违背常理，所以到了光绪八年五月，李鹤年派丁委员到邓州，才出现王树文光绪四年九月偷羊逃出的情节，其依据是地保的供词。现在提讯该地保，他说王树文根本没有偷羊这件事，他早在光绪七年腊月，与王树文的父亲和另一地保就已具结，现有案卷可查；直到今年六月，将其提到省城，问官教其说是光绪四年九月逃出，否则就受责打、监押，因此被迫照说。再讯王树文父亲，也说实是光绪五年十月下旬逃出。

可见李鹤年复审所谓王树文跟随胡广得数月、认为义父、为他改名胡体安之事，完全是虚假捏造。而王树文之名，是呼冤后才出现，而何以顶名胡体安，当时涂宗瀛委派唐咸仰，审出是差役刘学汰等教供。但后来李鹤年接任，唐咸仰调离，才编造出王树文于光绪四年九月逃出，为胡广得收为义子，并为他改名胡体安之事。

第二，王树文不是正盗。既然王树文不是胡体安，接下来的主要问题是，王树文是不是本案正盗？正盗中是否另有胡体安其人？王树文是光绪五年十月二十五日逃出，在饭铺遇到胡广得、范猪娃，告知离家情由，胡广得对他说，跟着他饿不死。隔一日被带到大庙，后来，胡广得、范猪娃脱下马褂让他看守，他走到村寨外面，没有进去，胡广得等盗劫回来后，王树文也没有分得任何赃物。褡裢内水烟袋是胡广得的；内里有钱数百文是自家偷出来的；与程孤堆、王老幺也不认识。提讯程孤堆、王老幺供说，我们两人听从胡广得安排，在寨外把风，不认识也没有见到王树文，也不知胡体安是何人。经提审与总捕头刘学汰一起共事的多名差役供出，胡体安得赃物甚多，刘学汰纵放，而胡体安的名字，马县官早已知道，恐怕被究出，欺负王树文幼小，教令顶替。与兵丁、招书及要证、事主等对质，都说胡体安实有其人，现改名在新野县当差。

刑部又查镇平县原卷内有"刘体安"一名，也是本案正盗，在押病故。提讯该县差役，说并无"刘体安"其人，因镇平知县已经知道胡体安被刘学汰纵放，事后捏造一个相似的名字，希图影射，以此凑足六人数目。

刑部指出，此案是奉皇帝特旨，但李鹤年审案一年，处处以庇护下属、弥缝捏造为事，开始说王树文为胡广得义子，以此得出王树文改名胡体安是有前因的，接下来又说王树文与程孤堆认识，以此得出王树文是抢劫案的正盗，最后说王树文是光绪四年九月逃出，以此得出王树文随从匪人，改名已非一时。李鹤年等就是用这样的环环相扣，将无辜者定为死罪，而让真正的大盗逍遥法外。请皇帝下旨，严拿胡体安，并将河南如何徇私之处，交部议处。

刑部这个结论，是颠覆性的，是对李鹤年等河南审案定案的全面推翻，按照李鹤年等复审的结论，王树文就是胡体安，是正盗，应判斩立决。而刑部的结论恰恰与之相反，王树文不是正盗，是被人刑逼诬认的，是冤案，而正盗胡体安另有其人，并逍遥法外。

但一贯强硬、靠军功起家的李鹤年，能接受刑部的结论、服从中央最高审判机构的判决吗？他是否还有其他对策？

第八讲
高层较量

1. 赵舒翘以去就相争

显然，李鹤年不会善罢甘休。他从明暗等方方面面，试图左右乃至改变刑部的结论。

就在刑部得出初步结论时，李鹤年派他的下属，刑部尚书潘祖荫的门徒，进京游说，这个门徒竟然使潘尚书改变态度，而刑部员外郎赵舒翘以辞职相争。

赵舒翘是陕西长安人，1848 年出生，少年时期在贫寒而又励学的日子中度过，1873 年考中进士后，跨入仕途的第一站，就在刑部实习。京官本来就清苦，而刑部的事情尤其繁重，薪水又少。但赵舒翘聪强绝人，耐受辛苦，总是布衣蔬食，徒步入署，这是一般人受不了的。陕西进士出来做官的在刑部最有名，赵舒翘又是其中的佼佼者。当时有一种评论说，薛允升尚书以学力胜，赵舒翘则以天资胜，自二人之外，前后数十年，没有第三个人。潘祖荫任尚书时，对赵舒翘尤为器重，将在刑部实习的赵舒翘留下来。光绪五年，赵舒翘升任提牢厅主事，总管刑部监狱，事繁责重。有人劝说赵舒翘："你没有加级，一旦受到降级处分，就变成百姓一个，何不先捐一级，以备意外！"赵舒翘说："捐一级就要借贷，岂不是给自己增加累赘，不如尽职尽责更可靠。"在任职期间，他编写了第一部监狱管理的法规——《提牢备考》，不久升为员外郎，在秋审处总办秋审。

呼冤案移交刑部后，潘尚书委托赵舒翘全权主持审理之事，赵舒翘经过数月研鞫，到了案件即将平反时，潘尚书却在李鹤年的强势威胁，以及派来的门人轮番劝说下，产生动摇，几次把赵舒翘拟好的奏稿毁掉，想按照河南的原拟定案。赵舒翘三进奏稿，三次被潘尚书毁掉，最后一次，他手拿奏稿，上堂力争，大声说："舒翘一日不离秋审处，此案一日不可动！"声色俱厉，全然没有下属的样子，潘尚书面对这个 34 岁的年轻人，露出难堪之色，他心里明白，赵舒翘所坚持的是公正审案，只是顾忌到自己堂堂一部之长，不能在众位司官面前露怯，遂拂袖而出。赵舒翘见事难转圜，立即整理文件，回到寓所，草草写了一份辞呈，请求开缺回籍，为早先去世的双亲重修墓地。

第二天，他带着辞呈，来到他熟悉而依恋的刑部秋审处。当他递交辞呈时，却发现南皮人张之万坐在尚书的位置上，他大惊失色。原来，昨天夜里，潘尚书因父亲去世，回籍奔丧了。

潘尚书行前给张之万留下一封信，大意是说：赵司官学问、人品都是第一流，我在五年中多次破格提拔他。前日的事情，委实理亏在我，您接任尚书，请求仍照赵君所审定稿。赵君刚烈过人，特别希望您曲意保全啊！

当时，赵舒翘去志已决，张之万再三挽留，仍留不住这个倔强的司员，不得已，张之万把潘尚书的手书拿出来给他看，赵舒翘大受感动，遂继续留在刑部，从而为后来呼冤案的平反起到了关键作用。他的直声也一夜之间，天下皆知。

2. 李鹤年反驳刑部

刑部内的争论刚刚平息，他们还要面对向来无所顾忌的李鹤年。邓州知州朱光第被撤了职，唐咸仰被调离了开封府，河南省的大小官员都看得一清二楚，谁违背了巡抚的意思，这就是下场。

光绪九年初，李鹤年上奏，对刑部的质疑一一驳斥，他说自己审案数十堂，胡体安就是王树文，伙同盗贼上盗，千真万确，而刑部所说的王树文与胡体安是二人，起于呼冤案发后，而案发前并没有什么王树文。因为呼冤案外省本来十分少闻，胡体安在路上一路喊冤，于是创作新闻，道路传播，才有王树文顶替胡体安的说法，这完全是以讹传讹。他屡次饬查，查遍南阳府所属十三厅州县，境内也没有胡体安这个人，而且悬重赏，布眼线，几乎撒下天罗地网，在新野县也没有查到胡体安。而衙役在刑部说，是镇平县捕役总头目刘学汰纵放了胡体安，现在刘学汰已死，查无对证，也就可以认定胡体安就是王树文。

李鹤年最后还要求刑部将现审人犯供词抄录给他看。李鹤年无视事实，毫不尊重刑部定案的做法，激起了公愤，在京的御史言官纷纷上书，请求朝廷将李鹤年革职治罪，而他四处打探消息、干预审判的种种细节也逐渐曝光。

御史邬纯嘏说：我听说李鹤年在刑部未提此案之前，纷纷寄信给在京官员，所谈的都是河南镇平一案，说案情如何确凿无疑，舆论如何有分歧。案件移交刑部后，又专门派了很多人来京，私下探听消息。我还听说，李鹤年最初接手案子时就说，即便王树文不是胡体安，但肯定也不是什么好人，让这样一个匪人活命，而因此使多位官员受到失入的处分，太不值了，涂宗瀛把此案奏请复审，真是不顾大局。这样一来，复审的官员们全都仰承巡抚的意思，锻炼弥缝，捏造浮言，使得梅启照也落入他的圈套而浑然不觉。如此欺罔跋扈，就是因为皇上年幼，皇太后身在宫中，不知他安的什么心肠？请求将李鹤年革职治罪。

御史李暎第三次上奏，特别指出，向来移交刑部审讯的案件，从未听过本省大员与刑部反复辩争的，更何况李鹤年是派审本案的大员，现在已属案内之人，刑部审讯如何，尤其不能参预，但他却公然申辩，这是他轻视朝廷，显干法纪。我还听说河南复审官员中，有个候补知府马永修，他为人巧于逢迎，立意不想平反，此案去年自春天到秋季，都是他一手把持，残忍之性，通省共知，他把杀人作为向上司献媚的工具，如果不将他革职，这样的人一旦做百姓的父母官，岂能秉持公正？

3. 刑部破例 "双请"

面对李鹤年的跋扈、嚣张，刑部也感到非常棘手。

特别是纵放胡体安的衙役总头目刘学汰的 "突然死亡"，令追踪胡体安的线索戛然而止。究竟是真的死亡，还是让刘学汰消失一段时间，刑部已无从查究。在封疆大吏一手遮天的情况下，无法抓捕胡体安，刑部会商的结果，只能回到王树文本人来推进案件的审理。

光绪九年二月十三日，刑部一反常规，破例以双请出奏，即拿出两种方案请皇帝裁决：

第一种方案是，案件已经审理清楚，现在就照刑部审理结果结案；

第二种方案是，让那些仍为自己辩解的河南官员，到京城质对。

刑部上奏时特别指出，姑且不论刑部现在审出的情形已与河南所报大相径庭，仅就河南省所上的供招来论，情节则种种支离，供词则前后歧异，赃物则勉强牵合，即使本案不移交刑部，也不能照河南所拟罪名，判处王树文死罪。

在我们所看到的清代成千上万宗案件里，极少见到作为中央最高司法审判机关的刑部，在上奏中不惜笔墨，对大清律例中 "把风" "接赃" 等相关法律行为进行详细解释认定，以及法律如何适用。当然，刑部不是在普及刑法知识，而是让李鹤年等河南官员明白：他们这样做，是在歪曲法律，践踏法律，为包庇下属的过错、为草菅人命强词夺理。

刑部指出：就以李鹤年等所叙王树文供词而论，事前不知胡广得何时纠集人盗劫，临时只有"叫跟随同去"一句话，仅此而论，这与一同谋划为盗有本质区别，他的罪行就没有死罪。河南还说，王树文跟随胡广得看守衣服，这件事本身就与"把风接赃"无异，一样处以死罪。实际上，法律所说的"把风"，是指事主出来喊叫，防备邻右救护，实质是帮助伙盗搜劫；法律所谓的"接赃"，是指恐财物没有劫尽，因交递而分携，以便抢掠一空。以上两种情形，即便不是自行入室，实属同恶相济，故照为首例，一律问斩。而无论把风还是接赃，当上盗时，总不离事主住屋左右，今王树文并未到寨边，只在野为贼匪看守衣服，胡广得等得赃跑走，始终也未交给王树文背负，岂能说他是"把风接赃"？现在程孤堆、王老幺已承认行劫，死罪无疑，绝没有代他人隐瞒的道理，再三审讯，二人始终认定在外看人时，没有王树文在内，即此而观，无论该犯姓胡、姓王，他都不是此案上盗正贼，这一点毫无疑义。

况且，王树文身材矮小，犯案时年尚幼弱，盗匪也断不用此等人上盗！复审各员并不严究正盗胡体安如何狡脱，差役刘学汰如何教供，只图为原审官回护处分，将一幼小子王树文周纳入死，这种弥缝办理，为官场保全大局，堪称得计，而差役纵盗之风，从此无所顾忌，抢劫之案，势必层见叠出，于地方民生实有关系。李鹤年作为封疆大吏，不检讨自己委任的人不当，致使自己被人所愚弄，反过来却以毫无根据之词，一再争辩。刑部上次奏明，胡体安能否拿获到案，其权完全操在巡抚之手，但现在没有定案之前，竟敢肆行奏辩，岂能保证他最终不听任胡体安远扬别处，以此作为借词延宕地步。

清朝最高决策层，为了不使事态发展下去，竟然对李鹤年的无理要求予以采纳，皇帝发谕旨让刑部将这两次上奏的奏折等一并抄咨李鹤年，同时要求李鹤年遵照上次谕旨，查拿胡体安。

4. 是遵守法律还是草菅人命？

李鹤年收到刑部的奏折后，于光绪九年二月二十三日，抢在刑部正式宣判前，上了一道"刑部审办重案，意近苛求，请派员查办折"，一开始就说，刑部如此办案，有损他的名节，更关系河南大局。不但将问题升级，而且有意将法律问题政治化。

李鹤年主要讲了五个问题：

第一，提出另请人审理此案。或者派员查办，或者另派司员复审。表示李鹤年已经不信任由大学士挂帅的最高审判机关。

第二，没有胡体安其人，有无其人无关王树文的判决。针对刑部审出胡体安在新野改姓埋名，李鹤年说，新野县的各班差役，都是安分良民，绝没有什么胡体安改名混充的事。而胡体安这个人是有是无，与如何判决王树文，毫无关系。

第三，质疑刑部的立场将使人愿意当盗贼不愿做官吏：刑部对于我李鹤年等人，事事都看作蒙混的小人；而对于盗犯，则句句都信为和气的君子。刑部审出胡体安是刘学汰卖放，完全是子虚乌有的事。因刘学汰已经死去，无从指证，因此认定王树文和胡体安是一个人，不能分而为二，这是因为马县令疏忽于前，没有写明胡体安就是王树文，刑部于是苛求于后。

照刑部这样判下去，是黑白颠倒，大涨盗贼之威风，大灭正直官吏勇于干事的志气。他说，官员因为抓捕盗贼而受到牵累，捕役家丁又因为抓获盗贼而受刑罚；与此相反，盗犯却逍遥无事，都有侥幸不死之心，结果是抓捕盗贼的反而不如盗贼，如此下去，人们都愿做盗贼而不敢捕盗了。马知县少年科举出身，吏事尚未熟悉，但平心而论，他到任不久，就能认真缉捕，这已非常难得，家丁捕役抓获十多名盗贼，更属于办事勇往之人，刑部如此审理，岂不是冤狱。

第四，刑部所作所为，是为减轻王树文的罪名。李鹤年通过引证法律条文，说明王树文是盗贼，应该处死。

李鹤年引证了同治九年修订的三条例文：

第一条主要是对把风接赃做出规定：盗劫之案，依强盗已行，但得财者，不分首从皆斩律，俱拟斩立决。把风接赃等犯，虽未分赃，亦系同恶相济，照为首一律问拟，不得以情有可原，量为末减。倘地方官另设名目，曲意开脱，照讳盗例参处。

第二、三条主要是针对福建、广东等地在江海内的"洋盗"的处罚：洋盗案内接赃、瞭望之犯，照首盗一例斩枭，不得以被胁及情有可原声请。

减轻处罚的情形指被胁迫，规定：洋盗案内被胁在船为匪服役（如摇橹、写帐等项，均以服役论），或事后被诱上船，及被胁鸡奸，并未随行上盗者，自行投首，照律免罪。如被拿获，均杖一百，徒三年。

在援引以上法律条款后，李鹤年提出，王树文甘心与盗同行，既不是被胁迫，行劫时他本人在寨外，也不是无路可退，以此可见他属于同恶相济。又援引把风接赃条文，指刑部判拟错误，带头不遵守法律，他说，朝廷大纲大纪，普天率土，没有不严格遵守的，刑部是全国刑名总汇，为什么要为一个王树文另设名目？而王老幺是王树文供出，程孤堆是王老幺供出，一线相因，岂能同罪异罚。此案关键，在究明王树文是良是盗，冤与不冤。现在王树文已供认与盗同行，即是盗犯，而刑部有意减轻，无以服臣等之心，更无以杜天下公是公非之口。

第五，也是最后，他以恐吓的口吻说此案如何判将关系到河南社会稳定大局：河南南、汝、光、归、陈等处，向来伏莽四出，臣自去年接任后，就与僚属讲求如何缉捕盗贼，并已有衰减成效，镇平呼冤案发生后，人们都知道王树文实际是盗犯，而抓获盗犯的马县令以及捕役，横被祸累，因此都怀有戒备之心，遇有盗案，都裹足不前；而盗犯到省，几乎没有不翻供的，希图案子拖下去，侥幸不死；那些被劫的事主，都不敢报案。王树文罪名轻重，不但关系微臣名节，实际为河南大局所系。

请另派司员，重新审理，而维时局，地方幸甚。

刑部破例提出两种方案，河南巡抚提出另派大员审理此案，皇帝一直在折中，案件的走向到底如何？皇帝会改变刑部的判决吗？王树文到底冤还是不冤？

第九讲

巡抚抗诉

1. 三法司判决

皇帝、皇太后非常理解刑部不得已提出的"双请"方案，这不但是对李鹤年轻视中央最高司法机关的一种抗议，而且，任由其发展，也是对皇帝权威的挑战，皇帝当即批示：著照刑部定拟。

光绪九年二月二十九日，刑部会同都察院、大理寺，以三法司的名义将此案审结。一般而言，三法司只对特别重大、疑难的案件，以及皇帝特旨交办的案件进行会审，通常由三法司所有堂官，即正、副职长官共同审理，这就是历史上有名的"会大法"。会审定案须特别说明，本案由刑部主稿，即主持起草拟稿，共同讨论后，三法司堂官全部画押。这份审结奏稿由三法司共计十七位堂官签字画押。这也代表了国家的最高司法机构联合审理的意见，具有终审性质。清代除康熙、乾隆时期，皇帝偶尔亲自审办案件外，一般依照三法司裁决。

这份审结报告提出，王树文呼冤案的关键只有两点：

第一，是否另有胡体安其人，来判断王树文是否为人顶罪；

第二，王树文有无冤抑，以他是否同谋、上盗为根据。

三法司经审理，各书吏、衙役、地保等证实，胡体安实另有其人，王树文既没有同谋，也没有上盗，因此，推翻了李鹤年的复审判拟。

三法司着重强调：李鹤年接审此案后，委派王兆兰、马永修等审理，对本案至关重要的纵放胡体安的总役刘学汰不闻不问，让其骑马回家，而把审理集中到拷讯王树文上面，历经三个月之久，才增加王树文认与胡广得为义子，改名胡体安这一层；又经六个月之久，才增加王树文于光绪四年秋间逃出一层。王树文本来没有上盗，则教令程孤堆、王老幺证明他上盗；王树文本未分赃，则以胡广得赃物坐之，于是该省属员，按照巡抚的这个意旨，纷纷奔扰，派人到邓州出钱买人作证，说王树文是光绪四年九月逃出家门。又到镇平县勒劝事主张肯堂，将失单中本无之物，认为赃物。审理镇平知县教令多人，出具王树文背上烧戳，是马知县拷讯别案而致，这些人不肯，又帮给路费，送给银两。后来河道总督梅启照审理此案，将刘学汰家属全拿到案，勒令将刘学汰交出解送到省城开封，案情至此，似乎又有平反的契机，而开封知府王兆兰连详数禀，处处为原审开脱，候补知府马永修又逼令各犯承认，而刘学汰成为无干之人回县。马知县自顾考成，事事听从劣幕指使，仅招解王树文一人，消弭巨案，以塞事主之口，遂致大盗狡脱，幼弱代僵。

复审知府王兆兰、马永修等意在保全官局，舍真情不办，强坐盗赃，以此物指为彼物，挪移日月，以两人作为一人，李鹤年等受其愚弄，两次拿获刘学汰到省，复任其逍遥事外，依据犯证歧异供词，定王树文斩首罪名。总之，原审以荒谬始，以捏饰终，复审以弥缝始，以周内终，案内实情全行消灭，惟有中间唐咸仰一禀、涂宗瀛一奏，为冤抑露出端倪。

最后判拟：程孤堆、王老幺斩立决。王树文比依洋盗案内为匪服役，并未随行上盗，杖一百、徒三年。事犯在光绪七年五月十四日恩诏以前，本不准援减，惟念以幼稚身受非刑，久淹囹圄，几至惨罹大辟，应从宽准予减免。刘学汰、刘淦汰、刘十黑、施游伯身死，毋庸议。

马知县、王兆兰、马永修，故入人罪，即行革职，发军台效力赎罪。马知县据供亲老丁单，应不准查办留养，因系现任职官，恭候钦定。前任南阳知府任恺业已病故，毋庸议。李鹤年等是督抚大员，如何处分，恭候圣裁。

据载，三法司会稿时，张佩纶时为都察院副都御史，阅书稿后，援笔增数语于尾：

长大吏草菅人命之风，其患尤浅；
启疆臣藐视朝廷之渐，其患实深。

京城叹为名言。一时督抚，皆为之侧目。其实，这句话源于光绪三年刑部审理杨乃武一案时，给事中王昕疏劾浙江巡抚杨昌浚，疏中大意，即此数语。

2. 河南抗诉

皇帝采纳了三法司的判决，马知县、王兆兰、马永修革职，发往军台效力赎罪，河南巡抚李鹤年、河道总督梅启照即行革职。而李鹤年请另派大员审理的奏折，三月初三日，军机大臣奉旨：此案业经刑部等审明定拟，该抚所请著毋庸议。钦此。

三法司的判决，属于最后判决，但李鹤年仍不接受，他鼓动下属到京城抗诉。就在三法司宣布判决前后，河南省官员陆续到京城抗诉，使得本来简单的案件继续向政治层面发酵。

第一个抗诉的是开封知府王兆兰，他是李鹤年审理此案的核心人物，当三法司拟好判决文书时，他遣抱告来京，向都察院递呈，表面上为初审的马知县等辩护，实际为河南复审辩解。刑部一一驳斥，表示王树文现供该府堂讯时，不准他说刘学汰教供的话，还令他跪好汉桩，承认自己叫胡体安，每日总要跪到二三更后。刑部遂向皇帝提出：王兆兰是主持定案的官员，自知罪无可逃，始为此饰词强辩，希图拖宕，本案既经审明，该府仍以王树文与胡体安系属一人，递呈混诉。该省派审人员甚多，若皆纷纷效尤，尚复成何政体？可否即照臣部所拟，将该府即行发配，抑或将全案人证暂缓正法、发落，钦派大臣饬提该府会同臣部复讯，恭候钦定。皇帝令将王兆兰即行发配。

李鹤年对已经被皇帝谕旨批准的三法司判决仍然表示不服，上奏提出，将王树文改为徒罪，是对国家纲纪的破坏，请求重新修法。他提出三条理由：

第一，王树文为胡广得看守衣服时，年已十八岁，与十五岁以下无知被诱者不同，更与良民被掳上船为洋盗服役，汪洋大海脱身无路者迥异。同治九年法律明确规定：把风、接赃等犯，虽未分赃，亦属同恶相济，照首从一律问拟。王树文明知胡广得等抢劫，为其看守衣服时是在旷野，并非无路可逃，他不逃就是甘心为盗。

第二，法律中没有看守衣服如何治罪的专门条款，河南复审时以把风、接赃拟罪，是依法判案，不得谓拘守例文。

第三，如果说王树文年纪尚小，程孤堆与他同龄尚已伏诛，而该犯科徒，又得减免，为无事之人。凡此种种，都不免滋人疑义。

李鹤年最后说，担心此案一旦宣布中外，问刑衙门不能详细体察，会有误会怀疑，审理盗案时，无所适从，一定会变本加厉，任意重轻，巧为开脱，将来盗风益炽，国家法律何存，关系殊非浅显。

这段话实际是指责刑部等不遵守法律，还会带来审判上的混乱，进而使地方不能治盗。李鹤年请求朝廷讨论该项法律，他说："查同治九年新例，系申明不分首、从皆斩旧例，近来言官屡请分别首、从办理，皆经刑部议驳，今刑部将该犯拟徒，是又分别首、从办理。令甲颁布后，必须整齐划一，始不失明慎用刑之道。请饬下大学士、九卿，将劫盗新例妥议具奏，或从此分别首、从办理，才能折中一是，以持情法之平，也使各省承审盗案之员，不致无所措手，天下幸甚。"

3. 都察院释法

客观而论，李鹤年自己因此案被革职，心中不服，他关于此案的最后这一次上奏，本质除为自己辩解外，还关系到中央与地方的司法权之争，也有对例文的理解分歧。

清廷没有简单化处理，而是令都察院会同刑部妥议具奏，也就是说，至少从表面上看，李鹤年的上奏有一定的道理。

都察院属于全国最高的监察机构，它最主要的职能是司法监督，而大理寺的主要职能是审核、平反。按照规定，凡审理案件，刑部定谳，都察院纠核，狱成，归大理寺平决。在制度的设计上，有监督、制衡之意，因而有"不协，许两议，上奏取裁"。这就意味着，如果这三个机构出现意见分歧时，允许将两种处理意见同时提交，供皇帝最后裁决。康乾时期，这种情况并不少见，也反映了这种制度设计发挥了效果。但嘉道以后，很少出现。

五月初，都察院按照皇帝的批示，对李鹤年的质疑一一进行解答，也可以说是一次释法活动。都察院主要指出五个方面的问题：

第一，在援引李鹤年前面引述的法律条文后，都察院指出：凡办理盗案，事前分别同谋不同谋，事后分别分赃不分赃，而尤其重要的是临时分别上盗不上盗。即便是同治九年严定新例，而不上盗之犯，也未闻一概判拟死刑。本案王树文被胡广得协令服役，在旷野看守衣服，胡广得抢人之语，该犯临时听闻，与事前共谋者迥异，既未上盗，亦未分赃，不得谓之从，自不得谓之盗，这就是大清律例内，所谓别故不行、不分赃之犯，刑部定案时因该犯被协服役，与共谋为盗别故不行者有所区别，因此比照洋盗案内为匪服役并未随行上盗之例，问拟满徒，两条例文相比，罪名实际没有出入。

第二，针对18岁不得减免处罚，都察院解释说，江洋虽与陆路有别，而被协服役则相同，被协服役条文下，有年未及岁者即不满18岁的，准许其收赎，而王树文犯案时年已18，因此刑部仍判拟满徒（三年），皇帝谕旨不准减免，也是因为王树文已满18岁。

第三，针对李鹤年称自己遵守例文而受处罚，都察院予以驳斥说，河南省办理此案的主要过错在于，始终维护王树文顶替胡体安这一层，此为最重，李鹤年说自己因为拘守例文而受处罚，实际是文过饰非；又说胡体安有无，无关王树文罪名出入，不知王树文之冤，是由于刘学汰的教供，而刘学汰的教供由于胡体安行贿而脱逃，原审荒谬，复审弥缝，全在于此，岂能说与罪名无关？查把风、接赃全在盗所，刑部奏结此案时，已经将何谓把风、何谓接赃，详细解释，程孤堆、王老幺都供说，在外把风时并没有王树文在内，把一个不是把风的人，仍然判拟把风的罪名，这不是锻炼周内又是什么？至于说程孤堆年龄与王树文年龄相同，同罪异罚，更是颠倒黑白：程孤堆先纠约入伙，又供在外把风，属于法律上的同恶相济，假如王树文真的与之同谋，一并上盗，所看的衣服是盗赃，那么，刑部也不会歪曲法律为他减轻处罚，难道只因同岁即当同罪吗？

第四，都察院还举出去年十二月李鹤年具题的一个盗劫案内，有夏老五一犯，他共谋为盗，半途不行，因数人在山坳看守行李，事后分受赃物，原题援引畏难不行例，判拟流刑到刑部，李鹤年是由按察使升任封疆大吏的，对于刑名法律是熟悉的，夏老五在山坳，与王树文在旷野相同，为什么单单对王树文与汪洋大海脱身无所迥异乎？夏老五看守行李并未逃避，与王树文看守衣服，情形相同，怎么单单对王树文说甘心为盗、同恶相济？未上盗而分赃的夏老五知其应问流罪，未上盗而且也没有分赃的王树文则说应问死罪，到底谁在轻重倒置？如此矛盾显然，是拘守例文，还是负气强辩？李鹤年在河南为官很长，吏治不修，捕务废弛，以至差役贿纵，大盗远扬，盗劫之风越来越猖獗，不能说不由于此。现在，忽然于巡抚交接的时候，认为刑部平反一个案件，就足以长盗贼之风，好像一个王树文生而天下即多盗，王树文死而河南即无盗。

第五，都察院驳回了李鹤年制定新法的请求，指出：治盗新例，本极周密，如果中外问刑衙门，悉心体察，成例成案，确可遵循，倘若地方官变本加厉、任意开脱，法司也自能遇案纠驳，何至无所措手。详细斟酌，看守衣服之犯，仍以上盗、不上盗分别科断，不必另立专条，致多窒碍，亦不必因此将盗案分别首、从，致启分歧。所请毋庸议。声明此奏由都察院主稿，会同刑部办理。

初七日，军机大臣奉旨：依议，钦此。

4. 司法权下移与就地正法的废止

王树文呼冤案终于告结。此案最大的影响是，就地正法章程的废止。

作为全国最高司法审判机关，刑部历来有大部之称，也代表了中央的权威。著名学者管同说到，咸丰同治以前，封疆大吏对中央颇为畏惧，殿陛若咫尺，好像皇帝就在咫尺身边一样，奉旨凛凛，尤恐受惩罚。

但咸同以后，这种情况发生了根本改变，地方封疆大吏掌握了财权、兵权、司法权，外重内轻的局势已经形成，因而封疆大吏中除谨慎自修的，大多不把朝廷放在眼里。特别是地方于咸丰初年取得了就地正法权，中央的司法权威已经下移。这就是我们在杨乃武案中看到浙江巡抚杨昌濬，本案中的河南巡抚李鹤年等，敢于与中央相抗的大背景。

中国古代奉行刑罚世轻世重的原则，也就是将刑罚作为社会稳定的调节器，而乱世用重典，是其基本做法。咸丰年间对盗劫案的法律修改就很重了，而且把死刑权交给地方，到了同治九年，又有凡是盗劫案不分首从皆斩的修改。而此时，国家并没有大的战事，所以朝中纷纷上书，请恢复以前的法律，但没有实施。

王树文呼冤案发后，封疆大吏为所欲为、草菅人命的弊端一时成为众矢之的，也集中放大了就地正法的问题。正如有臣僚提出的那样：天下之大，盗案之多，如王树文之冤者岂止一人，临行呼冤者有几人乎，即或有之，刑部能逐案提京而亲鞫乎？能一一平反吗？

在此情况下，监察御史陈启泰上奏，极言就地正法的弊端，他说：一案既出，但凭州县禀报督抚，即批饬正法，则其中以假作真，移甲就乙，及改轻为重，情事皆所不免。盖地方盗案，登时就获者少，参限届满，缉获无期，往往别取平民，妄拿充数，或前案人名，窜入后起，或寻常案犯，陷以重情，捏赃教供，刑逼诬服，州县但以考成为念，上司各怀瞻徇之私，委员会审者，不过一公禀销差，道府复讯者，不过一空详塞责，案情既结，则死者不可复生，断者不可复续，覆盆之枉，昭雪无从，部臣所称各省就地正法案件，每岁不下数千百人，其中法无可宥者固所必有，情有可原者，难保必无。所有各省盗案就地正法章程，应请断自宸衷，特予停止，饬令仍照旧例解勘，分别题奏，以重刑宪，毋令地方官吏久擅生杀之权。

地方督抚等则几乎众口一声地反对将就地正法章程废除。因为涉及生杀大权，因而只有由皇帝下决断。我们查到了光绪皇帝的亲笔朱批，上面有两段话，而且还有错写改正的字迹。

第一段朱批是：就地正法本朝廷不得已之举，该御史所奏自为慎重民命起见，著各省督抚即将盗案就地正法章程即行停止。

随即，皇帝又加了一段朱批：此事屡经言官陈奏，刑部定议，何以各督抚总未遵行？今断自朕衷，将就地正法章程概行停止，著内外问刑衙门遵旨办理。

审理此案时为刑部侍郎的薛允升说，强盗律是不分首从皆斩。康熙、雍正年间，开始分别法所难宥及情有可原，乾隆五年定例，遵行数十年。咸丰年间仍不分首从，一律拟斩。这是刑典中一大关键。严定新例以来，每年正法的犯人，不下数百起，而越办越多，其成效可见甚小。且从前盗犯，各省必题准后，方行处决，近数十年来，先行就地正法，后始奏闻者，比比皆是，且有不奏闻者，而盗风仍盛，说明重法不能禁盗。

呼冤案画上了句号，我们对为平反王树文冤案起到关键作用，甚至不惜舍弃乌纱帽乃至性命的邓州知州朱光第、开封知府唐咸仰、刑部员外郎赵舒翘等人，感到由衷的礼赞和敬仰，我们还要为小小百姓王树文而庆幸，但我们更要庆幸的是，通过本案，清廷将实行二十几年的就地正法章程废止，这使得千千万万个王树文这类的错案有机会得以纠正。因为，某个个人的努力总没有制度的保证更可靠，更有根本性，更具持久性。

正是基于这样的考虑，我们把王树文呼冤案，作为中国近代特别是晚清法律变革的一个典型案例来剖析。

张文祥刺马

第一讲

江督遇刺

　　1870 年 8 月发生在南京的"两江总督马新贻遇刺身亡大案"，不但被称为数百年的奇案，更给当时及后人留下了巨大悬疑：是贪色卖友而招此奇祸，还是同僚加害而致有此变？而该案最后以"海盗定案"，使得举世哗然，"群公章奏分明在，不及歌场独写真"，当时就有官员写诗表示质疑。而刺客张文祥的身份也扑朔迷离，更使得本案成为清末的一大疑案。

1. 校场案发

　　同治九年七月二十五日，是两江总督在校场阅武的日子，但这一天偏偏天公不作美，金陵城大雨如注，到了中午，还没有停歇的迹象，总督署只好贴出告示，阅武改在明日举行。

　　马新贻接任两江总督后，整顿绿营兵武，规定每个月都要阅武，所有武职官员要演练武艺，演练内容主要是校射，由总督大人亲临评阅，以定等差，作为升降的参考。阅武是为切磋技艺，因而所有参加者可以带领一班人马，仆从浩荡，威武无比。百姓也难得一睹武职大员的风采，故成为举城观看的一件大事。

原先的两江总督衙门，在太平天国运动时期是太平天国洪秀全所住的天王府，湘军攻占后，一片瓦砾，至马新贻任总督，虽然时间已过六年之久，但尚未重建，他借驻首府衙署即江宁知府的衙署办公，地点就是今天的南京第一中学。衙署右边有个狭长的箭道，其中一处开阔的地方就是演武厅，每月一次的阅武就在这里举行。

据记载，当天的阅武从早晨卯刻，即六点开始，到巳刻，即上午十点结束。

据当时的一位目击者回忆说：总督马新贻阅武之后，从演武厅后面步行至西角门回衙署。前有戈什哈（满语，侍卫）开道，左右有戈什哈护拥，后面有人数众多的清兵、随员。尽管夏日炎热无比，但因是阅武大典，所以马新贻穿着黼黻袍套，头戴翎顶朝珠，迈着靴步，大摇大摆，极是威风。此时全场鸦雀无声，目送总督大人的队伍。就在总督大人离西角门越来越近的时候，突然有个武生窜到面前，跪下后叩头，马新贻抬眼一看，原来是他的山东菏泽同乡王咸镇，遂不高兴地说："已经帮了你两次，怎么还要？"武巡捕随即上前将王咸镇架走。马新贻继续向前走。到了西角门时，忽然又有一个身穿短衣、清兵打扮的人，手里拿着状纸，一边呼冤，一边飞一般到了马新贻的面前，一个标准的打千问安，顺势从靴筒拔出一把短刀，迅猛向马新贻刺去，马新贻立刻蹲下闪避，但短刀仍刺入了马新贻的右胁下。包括马新贻在内，几乎在场的所有人，都被这一幕惊呆了。马新贻回头看此人，说："原来是你！"对众人喊："扎着了！"南方人不知道操着一口浓重山东口音的马大人说的是什么，但刺客的动作还是看得一清二楚。经过短暂的慌乱后，侍卫们将伏倒在地的总督大人扶进耳门。

此时，兵弁们大呼抓刺客，而刺客倒是无比镇静，在原地矗立不动，官兵们同时抓获前面呼冤的人，刺客操北方口音，大呼道："我一人做事一人当，我并无同伙，你们不要乱抓人。我大事已成，心愿已了，我绝不逃。"

演武厅校射虽是武职大典，但两江总督职兼文武，全城司道也按例参加。此时遂在督署大堂进行了简单的审讯。观看的人群把衙署挤了个水泄不通。随即大门关闭，但许多人还是目睹了这次审讯。

审官问道：下站何人？答道：张文祥。何方人士？河南汝阳。是谁让你行刺制台大人的？是将军叫我行刺的。审问的官员面面相觑，大惊失色，随即问道：将军在哪里，你认识他吗？张文祥回答说：将军就住在我家附近，我并不认识他。审问官莫名其妙，叫张文祥说出将军是如何叫他行刺的。张文祥对审问官说：将军住在巷口的石将军庙里，我行刺的前一天晚上，向石将军叩问是否可以动手，能否成功？我领会将军的意旨后，才决心动手。

经张文祥这一解释，官员们才惊魂始定。

围观的人群为张文祥的话大笑不止。官员们也知道这不是立刻就能问清楚的，此次大堂审问草草结束。

2. 全城搜捕

两江总督管辖江苏、江西、安徽三省，例兼通商大臣，职司文武，与直隶总督并称，马新贻遇刺后，自知不起，口授遗折，由他的嗣子书写，挨到次日而死。

堂堂的两江总督被刺身亡，一时轰动全城。此时，驻扎苏州的江苏巡抚丁日昌奉调天津，帮助重病在身的直隶总督曾国藩处理天津教案，因法国等不满天津教案的处理，多国船舰陈兵江上，作为挟制。江宁将军魁玉得报马大人被刺，立即下令封闭城门，进行搜捕，同时防备发生更大的事变。原来的江宁城，可以说是冠盖如云、高官甚多，而如今却显得风雨欲来，魁玉遂采取临时应急措施，以防他变。

3. 初步审讯

清代，江苏作为最重要的财富之地，赋税收入异常繁重，于是设置两个布政使，一位驻于苏州，是为江苏布政使，另一位驻于江宁，是为江宁布政使。按察使是一省最高司法长官，但通常驻扎苏州，刺马案发生之后，江苏按察使应宝时以耳聋为由请假，而江宁布政使梅启照，此时作为江宁的最高文职长官，命令将刺客发交上元县收押。

梅启照随即调派以道府孙云锦为首，由上元县令张开祁、江宁县令萧某等组成的审案组审讯张文祥，审讯即于上元县署中展开。

张文祥上堂后，原原本本地道出了刺杀动机，如数家珍。

上元、江宁两县令相对错愕，不敢录供。

原来，震惊中外的刺马案，竟然是因马新贻霸占生死弟兄的妻子并将友人谋害致死。张文祥为报此仇，遂有了开头的一幕。

档案及正史都没有留下张文祥刺马案的招册，也没有任何口供。而关于此案的各种笔记都称，或亲自在堂下听审，或听参与审理的官员处得来，各种记载真假莫辨。

根据马新贻的弟弟马新祐所编订的《马新贻年谱》，并参照清宫档案记载，马新贻于道光元年出生在山东曹州府城东北五十里的马家海，回族。道光二十七年中进士，这一科因是丁未年，故称丁未科，后来出了不少名人，包括李鸿章、郭嵩焘、沈葆桢，还有状元张之万等。马新贻以知县即用，签发安徽，年底到省城安庆。从此，十几年间大多在安徽任职，咸丰二年四月，补建平知县。当时太平军已进入湖北，建平及相邻县邑因官府加征漕粮，闹漕者多起，马新贻在建平减漕一石五百文，解决了闹漕问题。咸丰五年，署合肥县，驻店埠镇，距离该镇十里远的撮城镇，有王二条因吃官司被关在狱中，马新贻见其勇敢机智，令其出外募勇，号捷勇，随后因防守巢湖升直隶州知州。咸丰七年补授庐州知府，次年，陈玉成进攻庐州，马新贻败走定远，被革职留任。咸丰十年在临淮办理大营粮台。咸丰十一年，因父病故，丁忧回籍，同治元年三月应袁甲三招回安徽。五月，曾国藩奏请，署布政使。同治二年十一月补授。

年谱记载，公自服官后，常揭六语于壁，曰：不要应酬，不讲过节，不闹脾气，不用权术，不邀名誉，不惮勤劳。盖实能身体力行数十年如一日，非徒托空言也。

实际此人深通官场之道，最拿手的是夸奖前任。

有记载说：马新贻署理合肥知县时，正是太平军与捻军在皖北势力交替发展的时候。因合肥失守，马新贻被革职，后又戴罪立功。正是这一时期，巡抚令他在庐州办理团练。一天，马新贻战败被捉，而捉拿他的不是别人，正是张文祥。当时张文祥参加捻军，但见捻军难以成事，遂与平生的结拜兄弟石锦标、曹二虎寻找机会投靠清军。张文祥见马新贻长得气度不凡，口才又好，于是对他以礼相待，非常尊重，将马新贻留在军中，故意接近，不久做了磕头弟兄。按年齿为序，马新贻最长，为大哥，曹二虎排行第二，人称曹二哥，石锦标排第三，张文祥是最小的兄弟。马新贻屡次劝兄弟几个降清，共图富贵，张文祥虽早有此意，但毕竟兹事体大，一时犹豫不决。曹二虎、石锦标两人说："马大哥是读书人，识见胜过我们，他所说的话没错！"于是先让马新贻回到巡抚大营，探询意思，巡抚许之。张文祥遂以其众数百人降，因马新贻字谷山，以其字编成山字二营，由马新贻统领，张文祥等做了营官。

多年以后，马新贻升得很快，到太平天国运动失败的同治三年，即 1864 年，马新贻已是安徽布政使，成为一省的方面大员。

古人说，贵易友，富易妻。张文祥发现随着马新贻地位的升迁，他越来越疏远这几个弟兄。而矛盾的升级或者兄弟反目，缘于不久后曹二虎将妻子带入军中，在与马家人相见后，马新贻便看上了貌美的曹妻，以马新贻的地位，很快让曹妻成为自己的床上之物，至于朋友妻不可欺的古训，早已忘在脑后。为了便于二人交往，马新贻经常派曹二虎出短差，而将曹妻留宿署中。但天下没有不透风的墙，不久，这件丑事就被张文祥发现了，遂告知曹二虎，曹最初不相信，待一番暗处访查后，方承认妻子与马大哥私通的事实。曹二虎找到张文祥商量对策，张文祥说，此事你情我愿，虽说马大哥有违友道，但一个巴掌拍不响，二人既然同心，不如我们退让，远走他乡，离开这是非之地。曹二虎虽然觉得张文祥的话在理，但迁延没有成行。而且，曹二虎还将他成人之好的想法说给了马新贻，这对于已是方面大员的马新贻而言，觉得是对自己的羞辱，反而大骂了曹二虎一场。此时张文祥便觉得曹二虎恐有生命危险。

一次，马新贻发文让曹二虎到寿春去领军火，张文祥对石锦标说：马大哥因与曹妻有私，必定要加害于曹，但会用隐蔽的方式。我看这次凶多吉少，不如我们二人尾随而去，万一有事，也好有个照应。但一路上，平安无事。到了寿春，曹二虎赴行辕时，突然有中军官，即巡抚的侍从武官，拿着令箭，抓到曹二虎后，就说：末弁曹二虎本来降捻军，今天又与捻匪勾结，定要绑了问斩。等张文祥与石锦标想去施救时，曹二虎的人头已悬于城楼之上。张文祥对石锦标说：此仇不报，我们誓不为人。见石锦标没有言语，又说：你不够朋友，这件事我一人来做。

此事之后，张文祥曾多次伺机谋杀马新贻，但都没有得手。马新贻不久升任浙江巡抚，张文祥曾在城隍山与之相遇，但见马新贻侍从兵甲非常多，又时值冬季，穿得也很多，因而没有机会下手。

张文祥还对审问官说：自曹二虎被杀后，我暗中跟随马新贻数年，用精钢打制二把匕首，又用毒药沁淬，每当夜深人静时，将牛皮叠成四五层，以刃相射，最初一层也不能入，历经二年，五层牛皮一刃而洞穿，这是为防马新贻冬天穿重裘。

4. 隐情显露

听了张文祥的以上供述，上元、江宁两县令，既不敢录供，也不能上报通详。所谓通详，是关于案件审理后上报给上级衙署的正规文书。两人将审问情形向梅启照汇报，梅启照也觉得如此上报通详，有碍总督大人的名声，对朝廷用人也是个不小的损害，于是，与暂时署理两江总督的江宁将军魁玉商量。梅启照主张"不便直叙"，须令改供浙江海盗，挟仇报复，但张文祥不肯。其后种种酷刑，皆逼令张文祥改供，并非无供。

清光绪十四年，江苏廪膳生张相文到金陵，租住信府河胡翁家，老翁时年六十开外，他原是上元小吏，张文祥被鞠讯时，他亲自录供，暇时与张相文谈张文祥当日的事情。张相文是个有心人，用心将此案记录下来，后来读到诸家记载，所言皆有不同，但大体上来看，非官家读物，皆与老翁所说吻合；而出自官家的读物，皆与章奏吻合。张相文后来是中国地理学的先驱和著名教育家，他在《南园丛稿》卷七里专门写有"张文祥传"。

比张相文稍晚时期的安徽诸生金天羽著有《天放楼诗文集》，在《皖志列传》里，也写有"张文祥传"，内容与张相文所记大致相同。他说，当时及后世人一直在称述张文祥的事情，但记述多有歧异，只有桐城的张祖翼，当时在上元衙署里，目睹了审问张文祥的情形，他大概得自于此。还说，安徽巡抚乔松年的咏事诗也是写实之作。如果张相文所作的"张文祥传"和金天羽所作没有渊源、因袭，并分别得自当时在场的上元县的不同官吏，那么，可以说，此案张文祥是因马新贻渔色卖友而动杀机，大概是一个真实的情况了。

最重要的证据还有清末名士王闿运的日记，王闿运一直关注此案，并写下了日记。他于同治九年十二月十九日在日记中写道：夜，屺山兄过，久谈论马谷山事，谷论朝廷不宜发扬贵臣阴事，余尝韪之。

上述记载说，屺山见到王闿运后，两人对马新贻被刺一案，谈论了很长时间，王闿运也赞成对方的观点，即朝廷不愿将马新贻因渔色而被刺杀这样的真实情况公之于众，那样的话，对朝廷重臣，特别是朝廷，都大失体面。

曾做过侍读学士兼日讲起居注官的文廷式，著有《知过轩随笔》，所记多是亲见亲闻。他在该书中记道，当时审理此案的梅启照曾经亲自对他说："张文祥刺马一案，查奏之言，无不实，有不尽。"张佩纶的弟弟张佩绪，少年时跟随曾做马新贻师傅的父亲在浙江，并与张文祥同住一室，熟悉张文祥其人，张佩纶后来做了知府。据他对文廷式讲：张文祥刺马以前张、马两人的纠葛，以及刺马实情，他知之甚详，但不能说。他又讲：刺马一事牵涉李世忠，张文祥实是为他人报仇，并非他自己的仇。

文廷式的这两段记载，都得自亲见亲闻，前面一则说，虽然大臣的章奏是事实，但也隐去许多，所以是"有不尽"。后一则直接说刺马是为人报仇。

那么，到底真相如何？

第二讲

大吏相残乎

1. 严究主使

遇刺案发生一周后，即同治九年八月初三日，清廷接到了江宁将军魁玉的奏报。堂堂封疆大吏，尤其是两江总督，在光天化日之下遇刺身亡，清廷深感震惊，当天连下四道谕旨，对这一突发事件做出应对。

第一道谕旨是通过内阁发布的，主要内容有二项，一是对案件的性质做出初步认定，指示严究：因魁玉奏报说，刺客系河南人，名张文祥（清廷通常将盗匪等名字加上水字旁，以示洪水猛兽，或将其带有吉祥之类字号改为同音字代替，故清廷官方文献将张文祥写作"张汶详"。以下为行文方便，一律改回真名张文祥），而行刺缘由，供词闪烁。总督衙署重地，竟有凶犯，胆敢持刀行刺，实属情同叛逆，亟须严行讯究，即命魁玉督同司道各官赶紧严讯，务得确情，尽法惩办。二是肯定马新贻平生作为，以及清廷对马新贻死后的"恩典"：马新贻持躬清慎，办事公勤，由进士即用知县，历任繁剧地方，咸丰年间，随营剿贼，多次攻克坚城，自简任两江总督，于地方一切事宜，办理均臻妥协，方冀长承恩眷，倚畀优隆，兹因被刺遇害，披览遗章，实深悼惜。马新贻着赏加太子太保衔，照总督例赐恤，并入祀贤良祠。任内一切处分，悉予开复。其子马毓桢，着加恩赏给主事（职官名），分部行走。该督灵柩回籍时，著沿途地方官妥为照料。应得恤典，该衙门察例具奏，用示悯念疆臣至意。寻予祭葬，谥端敏。

第二道谕旨主要是指示严究主使，同时对当时异常紧张的外国船舰进入长江予以防范。要求魁玉督令司道各官，设法熬审，将行刺缘由，及有无主使情事，一一审出，据实奏闻。因天津交涉尚未完结，遂指示安徽巡抚英翰等沿江大吏加强长江防务和地方治安，以备不测。

第三道谕旨令曾国藩等抓紧审讯，尽早完成天津教案的审理。

第四道谕旨是对人事部署重新安排，调正在天津处理教案的直隶总督曾国藩回江宁接任两江总督，到任前两江总督暂时由魁玉署理，调湖广总督李鸿章为直隶总督，以浙江巡抚李瀚章为湖广总督，浙江布政使杨昌浚为浙江巡抚。

八月初九日，魁玉奏报审理情形，并无重要进展，该犯供词尚属支离，并拿获容留张文祥的朱定斋、周广彩，及同时在道旁的王咸镇等，分别审讯。清廷反复下旨，命魁玉务必将行刺缘由究出，不得含混奏结。因江南乡试在即，省城士子云集，华洋并处，最易滋生事端，并命将军魁玉严令地方文武，认真稽察，随时弹压，毋得有任何疏忽。

2. 钦派大臣

次日即八月初十，因给事中王书瑞上奏，督臣被刺遇害，请派大臣查办。清廷当即采纳，通过内阁明发上谕，称督署要地，竟有不法凶徒，潜入署中，白昼行刺，断非该犯一人挟仇逞凶，已可概见，现在该犯尚无确供，亟须彻底根究。着派张之万驰赴江宁，会同魁玉，督饬司道各员，将该犯设法熬审，务将其中情节，确切研讯，奏明办理，不得稍有含混。这是第一次钦派大员。

张之万是南皮人，与马新贻是同科进士，而且是状元，出外历任河南、江苏巡抚，时任漕运总督。同时，他还是清代有名的书画家。史书称其"治事精捷，举重若轻，故剔历中外，鲜行败事，唯工迎合"。清廷钦派张之万赴江宁会审，是就近之意，因漕运总督驻扎淮安。张之万也清楚，这不是一件好差事，他也担心自己发生意外，相传张之万奉命后，自淮安前往江宁，一日舟泊瓜州，欲登岸如厕，以小队二百持械围护，时人传为笑谈。而且，五百里的路程，竟然足足走了一个月。

八月二十三日，清廷接到魁玉所上长江防范事宜一折，但对中外瞩目的刺马案，却没有奏及，此次皇帝上谕以十分肯定的口吻称，张文祥行刺总督一案，断非该犯一人逞忿行凶，必应彻底研鞫，严究主使，尽法惩办，现审情形如何，魁玉此次折内并未提及。对张之万迟迟没有到达江宁，予以敦促。并明确指出，此案不可大事化小：前已明降谕旨令张之万驰赴江宁，会同审办，即著该漕督迅速赴宁会审，毋稍迟延。魁玉亦当督饬司道等官详细审讯，务得确供，不得以等候张之万为词，稍形松懈。此事案情重大，断不准存化大为小之心，希图草率了事。

九月初十，清廷收到魁玉所奏审理刺马案的大概情形，这也是案发一个半月后，第一次有关此案的正式奏报。但因在清宫档案中，查阅不到魁玉的原奏，因而，更多情况只能从上谕中得到。不过，可以肯定的是，案情有了一些重要进展，一是张文祥的身份似乎查明，他原来曾参加太平军，因而谕旨有"以漏网发逆，胆敢直入督署，戕害重臣，实属罪大恶极"，但接下去的情形仍不甚了了：该犯自知必遭极刑，所供各情，一味支离，现虽将该犯家属拿获到案，而何人主使，尚未究出，终不足以成信谳。

所谓"发逆"，是指太平军，而"漏网"一说，或指他混入清军队伍。但供情仍然支离破碎，特别是何人指使，仍没有任何进展。因此，无法定案。或许，是审案者不愿将真实情况上报。

清廷考虑到张之万应该已经抵达江宁，着即会同魁玉，懔遵历次谕旨，督饬司道各员设法根究，务将因何起意行凶，及受何人指使各情，一一究出。根据魁玉的奏报，谕旨中第一次出现石锦标的名字，不过音完全相同，而字又完全不同，官方称之为"时金彪"，清廷这种改名的做法，堪称司空见惯，而这次改名，或许是为掩盖某种真相。上谕称"时金彪已否由山西解到，新市镇军犯既与张文祥平日来往，亦当密拿到案，从旁引证，或可究出真情"。这里，可以肯定的是，石金彪也在清廷的军队中，身份与笔记小说完全吻合。

但是，尽管谕旨下了无数道，案情仍没有任何大的进展，九月二十七日，清廷收到张之万到达江宁后，第一次与魁玉会审的情况，称连日熬审，该犯坚不吐实，现在设法研讯等。近二个月过去了，到闰十月十七日，清廷仍没有收到任何奏报，谕旨称现已五旬之久，尚未审出实情具奏，此案关系重大，岂可日久稽延，曾国藩此时计可抵任，即会同魁玉、张之万督饬承审各员，赶紧严切讯究，以期水落石出，固不可任其狡展，亦不得以犯无口供，将不相干涉之案，牵混定谳，总期设法审出实情，方准定案。时金彪及新市镇军犯曾否解到，究出确情，该督等如讯有端倪，并着先行具奏。

这道谕旨说明，清廷非常关注这件大案，甚至有"讯出端倪者先行上奏"的话，显得有些迫不及待了。而令人感到另有蹊跷的是，这道谕旨说，不得将不相干涉的案件牵连进来。这句话，透露出案情转移的秘密。

3. 言官上疏

自案发已经过去了近四个月之久，案情几乎没有大的进展，这不能不让所有人怀疑背后是否有更大的隐情，御史们随即纷纷上疏。三天后，即闰十月二十日，给事中刘秉厚奏，前任两江总督马新贻被刺一案，臣等风闻派审之员多至数十，虽其中不乏精明干练的官吏，而事无专责，互相推卸，又以案关重大，各存顾虑，未敢深究，以致数月之久，端绪毫无。且闻该犯所供反复无常，诚恐延宕日久，致成疑狱。派审之员无可如何，遂借该犯游供，含混拟结。伏思问案以初供为凭，江宁距京只千余里，传闻该犯初被获时，即有"养军千日，用军一时"之供。诚如圣谕所云，断非该犯一人挟仇逞凶，已可概见，其为必有主使，毫无疑义。若果就此研鞫，谁养之，谁用之，庶可以水落石出而成信谳。臣等与马系属同乡，督臣遭此奇变，实为国体攸关非浅，倘竟以大化小，借端了结，何以服人心而肃纲纪？请旨饬下曾国藩、张之万严行审讯，将其中主使情节，逐细彻底根究，毋得凭借游供，仍即以该犯一人挟嫌等情，含混完案。抑或饬下曾国藩等遴派妥员，将案内犯证解交刑部严行审办，庶奸宄得而法纪伸，固不独为马新贻雪冤已也。

值得注意的是，这份上奏称，尽管审案者数十人之多，但"各存顾虑，未敢深究"，因此，延至今日，仍无进展。这里的"未敢深究"，可以解读为，或者关系到官场恩怨，或者关系到死者的名誉。而无论是前者还是后者，都让审案者不敢深究。上奏中另一个值得注意的是，张文祥初供有"养军千日，用军一时"之语，这就是说，他是受人指使，不是一人所为。第三个应该注意的是，他提出可以将案件提交刑部。

　　清廷没有采纳言官将案件移交刑部审理的建议，而是饬令曾国藩、魁玉、张之万等，速将此中主使情节，逐细彻底根究，毋得附会游供，含混了结。

　　由于案久不结，传闻甚多。闰十月二十八日，太常寺少卿王家璧上了一个模糊而又让人联想的奏文，他说：此等凶徒，志在必死，甚或扳扯问官，希图挟制，不敢穷诘，致多畏葸瞻徇，此案颇有传闻。清廷对此反应很快，下旨说：马新贻被刺一案，据魁玉等奏，张文祥子女等到案后，供词尚属支离，自系因一时未得实供，不能奏结，案关重大，谣传必多，该京卿如确有所见，即着据实详细奏闻，不得以传闻无据之词，率行具奏，致开诬评之端。

　　有了清廷这样的话，王家璧便将他得到的本案传闻，以及他的看法上奏。王家璧当时正在陕西督学，他的上奏似乎使本案峰回路转，但却使包括清廷在内的所有人都大为尴尬。他提出爆炸性的新闻，就是江苏巡抚丁日昌指使刺杀马新贻。他说：

　　我在陕西所得传闻，江苏巡抚丁日昌之子所做的一个案子，应归马新贻查办，丁日昌请托不行，致有此变。不知丁日昌的儿子曾否到案，仍时常往来巡抚丁日昌的任所。臣所听到的只有这些。而且，听到这些传言的并非只有臣一个人，也并非只有一个人这样讲，讲这些话时都相顾叹息，等到向他们问询消息来源，都说担心受到连累，不敢讲下去。我想陕西地处西北偏僻之地，已有这样的传闻，想必江南一定有确实公论。属吏或难兼采，京师相距较近，亦必有所传闻。我因为人在西北，难以细察，因此不敢据此入奏。但请皇帝下令会审大臣，督同明审正直，不畏强御的贤员，悉心研讯，兼采舆论，以资佐证而成信谳。以常理论，丁日昌巡抚身为大臣，其子原来的案子必不如此案重大，何必至于纵子妄为如此地步。但令人不能不怀疑的是，前云南巡抚徐之铭（咸丰八年由按察使迁升，十年兼署云贵总督，同治二年革、戍）指使何有保戕害陕西巡抚邓尔恒（邓尔恒，咸丰十年由云南布政使迁任贵州巡抚，十一年正月由贵州巡抚改任，五月甲午被杀）一事，路人皆知，至今无人举发。尤其丁日昌本来就是阴险小人，江南大小官员甚多，此事不怀疑他人，而单独指该抚之子，难保不是完全没有原因。或其子妄为而该抚不知，抑或与知而乘其驶往天津，可以使人不疑，均难悬揣。且与马新贻都是同僚，马新贻被刺后，安徽巡抚英翰义愤溢于言表，而丁日昌好像没有听到这件事一样，也非常令人不解。臣请旨将丁日昌之子原犯案件统交会审大臣，破除情面，秉公查办。并请陛下先不要立即查办丁日昌之子的案子，其子亦不必刑讯。但两案或同堂审讯，或隔开分别审讯，令其疑虑莫测，察其相见神色，并密派看顾打听之人，悉心推鞫，不过数次，似可得其端倪，钩致得实。如果审实与巡抚丁日昌之子没有关涉，除此案另鞫外，仍科其原犯之罪，亦不致另有冤抑。臣与丁日昌素无嫌隙，前在曾国藩营务处，亦无交涉事件，并从无书信往来，必不致有诬讦之端。

正当刺马案久审而无进展之际，王家璧的密奏，使得案件有了推进，但他所提出的都是听到的信息，以及他的推测，如果真的如此，巡抚指使刺杀总督，真的有此可能吗？

这要从马新贻出任两江总督说起。

曾国藩自咸丰十年出任两江总督后，除北上剿捻的一年多由李鸿章署理外，直到同治七年七月，曾国藩调任直隶总督，两江总督才由马新贻接任。也可以说，两江总督一缺，只有由湘军系统的官员出任才更为合理。因为湘军虽然在镇压了太平天国后陆续裁撤，但退伍而留在当地就业、转业的实在太多，因而南京有"湘半城"之称，而在两江三省，这些解甲之人随时可以呼啸而起，曾国藩与他的心腹幕僚赵烈文私下谈话时，对此极为担心。但清廷有意打压在镇压太平天国期间发展起来的湘军势力，遂有此项任命。

对此，李鸿章、曾国藩等都清楚朝廷的用意。

清廷是七月二十日发布此项人事调动命令的。

对清廷的做法，李鸿章当即产生怀疑，而江苏巡抚丁日昌更有只做到年底的说法。可见，清廷的此项人事任命，确实有很大问题。当时李鸿章正为遣散淮军筹集欠饷而发愁，他在七月二十六日复信给丁日昌说：我幸了此局（指镇压捻军），了而不了的，是淮军参战各军的裁撤问题，陆续议裁，欠饷数百万，朝廷下旨令补足，不知从何补起。你来信有撑到年底之说，是有所托而逃。又听说师相（指曾国藩）调直隶总督。吾弟固不能辞，即易不知谁何之人，此乃国家之事，非仆私事，本可大声疾呼，或谓非相度所宜，便弃宰相作勇头，终须了结此事而后议出处进退。谷山乞假一月省墓，九、十月当可履新（谷山，就是马新贻）。

李鸿章的信是劝丁日昌不要撂挑子，即不同意他做巡抚到年底的想法，说这是国家的事，不是我李鸿章个人的事。李鸿章希望丁日昌留任，为淮军筹措拖欠的军饷。并说，实在不行，完成这件事后，再做打算。又说马新贻九、十月份便可以上任。

显然，李鸿章也对清廷的这项人事安排表示不满。次日，李鸿章又给曾国藩写信：廷议久以畿辅不得人为虑，欲借老成重望，拱卫神京，即备就近顾问，亲政赞襄之张本，意甚深远。南中大局，谷山素极谦谨，一切必守萧规，但威望过轻，长江从此多故矣。

就是说，虽然把曾国藩调到直隶总督任上是比较好的安排，但两江总督的位置安排的不好。因为马新贻是个谦谨的人，虽然对过去曾国藩的做法不会有大的改变，但他威望太轻，"长江从此多故矣"这句话的分量很重。后来也果真被李鸿章说中了。

八月初七日，李鸿章又给丁日昌写信，也明确说：谷山宽深静细，为政从容，虚名威望，似未足制中外奸人。

后来，李鸿章多次写信给丁日昌，对清廷的诸多做法大发牢骚，称淮勇"无端撤遣，勇岂安分，亦岂尽无知，不平则鸣，孰推其缘起而怜其肮脏耶！拼命蹈险者一辈享福，窃禄者又一辈明明，执途人而告之曰，与共患难不与共安乐，恐再有患难，遂无人肯与共耳，其关系安危治乱之机岂小也哉！鄙不敢告人，近于挟功骂世，但为足下略陈之，且深忧嗣后再有征发，揭破后壁，谁能从吾游者乎！"

这段牢骚话，是对清廷的不满，也是对裁撤淮军的不满。说淮军难道都是安分的吗？难道都是无知之徒吗？国家遇到危机时，要他们上战场卖命，不需要他们的时候就赶回家去，将来再有危难，怎么能让他们再出来？本想为此上奏，但担心朝廷说我挟功自重。

我们没有在丁日昌的文集中查到他给李鸿章的回信，但可以肯定的是他较李鸿章、曾国藩而言，更强烈反对清廷对马新贻的任命。

马新贻于九月二十六日才正式接任两江总督一职。尽管他上奏声明，安置遣散勇丁，协济军饷等事，谨守曾国藩的成法，"只因循，不更张"，但许多做法又截然不同。他先奏调孙衣言、袁宝庆，此二人后来参加审理刺马案，是坚定的马派人物。而他整顿绿营的计划，显然是受到清廷的支持，也被普遍认为是对湘军、淮军的替代计划。这一点，对马新贻的被害而言，是构成大背景中最值得注意的所在，以往从未有人提出。他随即抛出六条施政纲领，其中核心是"整顿绿营以选择将材为最要"，上奏说：军兴以来，建立大功的人，都是勇丁出身，绿营员弁几同虚设，现当军务肃清，各标镇将大半久历戎行，娴熟行阵，正可以行军之法严立营规，一变绿营衰弱之习。奏请在三省酌调额设官兵，在额兵中精选精壮，增加津贴，立营操演。清廷著其在江苏省实力举行，有成效后再咨商安徽、江西二省巡抚，妥议章程，奏明办理。他还奏请为安徽巡抚翁同书帮办扬州军务有功，请建立专祠。这与曾国藩对翁同书的评价也大相径庭。

在马新贻看来，国家正规军这么多年没有发挥作用，而让湘淮军得了头功，因而他要重振绿营军。清廷对带有私属性的湘军、淮军本来就是在不得已的情况下才用他们，因而非常支持马新贻的计划，指示江苏有成效后，在两江总督管辖的其他两个省安徽、江西也推行此计划。这完全是一个取代淮军的计划，因而，还没有裁撤而将面临裁撤的淮军，肯定大为不满。这或许是刺马案发生的大背景。

多年来，李鸿章是丁日昌最坚定的支持者，曾国藩的心腹幕僚赵烈文私下里也一再讲丁日昌的某些不妥当做法，甚至建议曾国藩撤掉丁日昌，而曾国藩说得非常清楚，丁日昌是办洋务的好手，李鸿章非常器重，我又岂能不看这一层。而清廷调马新贻任两江总督，也包含将丁日昌去掉的隐含意义。随即，又发生了丁公子参与的一场人命案，这件事也是王家璧所讲的丁日昌指使刺杀马新贻传闻的由来。

4. 丁公子涉嫌人命案

案发同治八年十月，丁日昌有个出了五服的族人都司丁炳，因销差回籍，经过苏州，当时丁日昌出省查勘水灾，遂带同家人闲游妓馆，与水师勇丁争闹，游击薛荫榜带兵巡夜，查拏滋事人等，棍责勇丁殒命，丁日昌事后得知，上奏请将薛荫榜、丁炳先行斥革，并自请议处。清廷采纳了丁日昌将二人革职的建议，并将该案交由马新贻亲提全案人证，严行审讯，按律惩办。丁日昌交部议处。

就在交给马新贻审案后的一个月，丁日昌查出案内有他的侄子监生丁继祖也同往，但闻闹先回，并风闻他的儿子——等待分发知府的丁惠衡一并在内，但经署臬司杜文澜督审，均称丁公子并未在场，而丁日昌却奏请将丁惠衡、丁继祖分别斥革，彻底根究，并自请革职治罪。清廷对丁日昌还是留有余地的，令将监生丁继祖斥革，交马新贻归案审讯，丁惠衡是否同往，著于到案时一并交马新贻审明虚实，分别办理，丁日昌的过失仅仅是失察，前已交部议处，所有自请治罪之处，著无庸议。

因为没有查阅到清宫档案的相关资料，因而，对于此案的详情也不得而知。而丁日昌先发制人，不待总督审理，就自请议罪，此种做法，未免令人生疑。九年四月，马新贻复奏审明此案，清廷将丁惠衡交部议处，但丁日昌似乎做出更激烈的反应，称本想以家法将其子处死，但为逃避惩罚，丁惠衡已出逃在外。

以上就是所谓丁日昌指使报复的由来。

也有人注意到另外一个细节，即马新贻被刺案发当天，恰巧丁日昌正在天津拜访曾国藩。但这也不足以作为丁日昌有意做出不在江苏的证据，因为六月二十八日，崇厚据曾国藩病势甚重，向清廷奏准，谕令丁日昌星速赴津帮办，丁日昌于七月二十五日抵达天津。

但可以肯定的是，对于马新贻被刺，及清廷重新调曾国藩总督两江，李鸿章讲得最清楚，他似乎比丁日昌、曾国藩都更关注此案。

九年八月初五，李鸿章回复曾国藩信称：谷山近事奇绝，亦向来所无。两江地大物博，断非师门莫办。中外皆盼吾师卧护疆宇，幸以鞠躬尽瘁自矢，免滋物议。

当曾国藩一再辞让两江总督时，李鸿章于八月十四日写信劝说：大疏辞让，本系初志，惟环顾当世，无能胜此巨任者，而师门驾轻就熟，借以从容养望，计亦两得。若七年秋不妄更动，或谷山僻在海滨，竟免斯厄。江介伏莽最多，非极威重不足销无形之隐患。东南无主，尤望麾盖遄归，似不必请觐迁回，致多旷误。雨生似须全案了结，再取进止，伏乞鉴裁。

李鸿章希望曾国藩不要谦让，两江总督也只有曾国藩最合适，并说，如果不是清廷的任命失策，马新贻也不会死于非命。他希望曾国藩不要到京城觐见皇帝，而是马上到任，同时也讨论了丁日昌的出路问题，说等刺马案全案结案后再做商量。

5. 曾国藩的苦心调护

与李鸿章、马新贻的弟弟马新祐、审理案件的张之万等人不同，曾国藩似乎显得更淡定。他接奉谕旨后，一再请求自己因身体羸弱，请收回成命。他这样的表态倒不完全是官样文章，他深知清廷对湘淮系的猜忌已深入骨髓，见无法推卸，又奏请到京觐见。

曾国藩在京期间，受到慈禧、同治帝的三次召见，每次召见都仅有十数语，但也为他后来审理刺马案定了调子。第一次召见时，慈禧最后话题一转，说：马新贻这事岂不甚奇，曾国藩回答：这事很奇。慈禧又说：马新贻办事很好。曾回答：他办事和平、精细。十月初十是慈禧的寿诞。次日，在京湖广籍的官员为十月十一日出生的曾国藩做了最隆重也是最后一次寿典。十月十五日，曾国藩出京，闰十月二十日，到江宁省城。

也就在此前后，丁日昌因母亲去世，丁忧离职，清廷随即派刑部尚书郑敦谨为钦差大臣，率司员亲赴江宁审理刺马案。在曾国藩即将到任两江时，加派钦差，意味着什么？难道这背后真有更大的隐情？

第三讲

疑难审结

1. 拖延定案

就在清廷对案件多次下旨，督令严审幕后指使的时候，八月二十五日，李鸿章到达天津，次日，上奏请令丁日昌速回江苏巡抚之任，理由也非常充分：近接江苏司道来信，自督臣马新贻遇害后，人心惶惑，又闻上海新到外国兵船数只，防范加严，现督抚两篆，均系暂行权摄（都是署理），亟盼曾国藩、丁日昌有一人先行回任主持大局等语。丁日昌又以昨接家信，伊母年近九旬，衰病增剧，现得痧症不能起立，署内无次丁侍养，公私悬念，方寸懵乱，势不能久留津郡。请准令丁日昌速行回任。二十九日，清廷令丁日昌速行回任。

丁日昌回任苏抚，当然不能做过多的解读，但很显然，审理刺杀马新贻的背后主使是所有案件的关键，也正因此，牵动了各方面的敏感神经。

不但张之万，几乎所有主审此案的大臣，都采取了一个

"拖"字战术，这不能不令人怀疑，此案绝非简单。张之万等人的报告说，对张文祥进行了接连熬审。但据参加会审的马新贻的亲信孙衣言事后讲，根本没有用刑。为此，孙衣言等大为不满，但张之万不软不硬地说：案情重大，不便徒事刑求。倘未正典刑而瘐死，谁负其咎？张之万不同意孙衣言对张文祥采取刑讯逼供的做法，说如果那样，张文祥死于狱中，怎么办？张之万很清楚，案子怎么审，都是两头不满意。审不出主使人，马家不愿意，朝廷不满意，审出主使人，不知得罪的更是何方神圣？他隐然感到背后的力量实在太大，他只有采取拖延战术，慢慢地审，耐心地等待回任两江总督的曾国藩的到来，或者期待清廷另请高明，他也好借此抽身而退。

事情也果真按照张之万的设想，清廷敦促曾国藩尽早回任，慈禧在十月初九日召见曾国藩时，上来第一句话就问：你几时启程赴江南？曾国藩回答说：臣明天进内随班行礼，礼毕后三两日即启程赴江南。而慈禧似乎还不放心，又紧盯了一句：江南的事要紧，望你早些去。曾国藩回答说，即日速去，不敢耽搁。曾国藩实际是十月十五日出京，走了一个多月，到下月即闰十月二十一日抵达江宁，张之万、魁玉等亲往迎接。

当天，魁玉、张之万将刺马案审明奏结。我们无法确切获悉曾国藩是否看了魁玉、张之万这个奏结折，但可以肯定的是，他无疑清楚两人奏结的内容。第二天，曾国藩致信丁日昌说，谷帅（马新贻被刺）之事已于二十一日具奏，张之万刚刚奉旨补授江苏巡抚。次日，他亲自出城，在水西门外关公厅送张之万归清江。

在曾国藩到达江宁前，闰十月十四日，丁日昌因母亲去世，丁忧免职，同日，张之万任江苏巡抚。在一件大案尚未审结时，清廷做出如此人事安排，用意深刻。而张之万也没有等待清廷对案件的意见，就离开江宁赴新任，也不符常理。

十一月初二日，清廷接到魁玉、张之万奏审一折，关于谋刺动机，主要有三：张文祥曾从发逆（太平军），复通海盗，因马新贻前在浙江巡抚任内，剿办南田海盗，剿灭他的同伙甚多，又因他的妻子罗氏为吴炳燮诱逃，曾于马新贻阅边至宁波时，拦舆呈控，未准审理，该犯心怀忿恨，适逢在逃海盗龙启云等，复指使张文祥为同伙报仇，即为自己泄恨，张文祥被激允许，该犯旋至新市镇私开小押，适当马新贻出示禁止之时，遂本利俱亏，追念前仇，杀机愈决。同治七八等年，屡至杭州、江宁，欲乘隙行刺，未能下手，本年七月二十六日，随众混进督署，突出行凶，再三质讯，矢口不移，其供无另有主使各情，尚属可信等语。

这次审理，给出了张文祥行刺的三个理由，他的背景也似乎清楚，而指使也究出有人，显然，这是朦胧结案。但民间传闻的也都一一有所反映，包括报仇说、妻子拐骗说。清廷并不满意，认为张文祥所供挟恨各节，以及龙启云等指使情事，恐尚有不实不尽，如果立即照魁玉等所拟，即正典刑，不足以成信谳，前已有旨令曾国藩于抵任后会同严讯，务得实情，著再派郑敦谨驰驿前往江宁，会同曾国藩将全案人证详细研鞫，究出实在情形，从严惩办，以申国法。

2. 大臣会审

关于第二次派大臣前往审案，更有可能是清廷故意做出的姿态，并非真要查出个水落石出。因为，两派大臣驰审，都是会审。

清廷派郑敦谨审案的同一天，李鸿章就致信曾国藩说：谷帅之事，复命（郑敦谨）会勘，缘谣言太多，深恐结束不得。江城屡动使星，近岁所无。

与其他人不同，曾国藩倒是镇定自如。在刑部尚书郑敦谨到达江宁前的两个月时间里，他没有进行任何审案的工作，只是在郑敦谨到达的前一天，即十二月二十八日夜里，将张文祥案细阅一过，将凶党余犯及承审之名，开一清单。也就是说，曾国藩所做的只是将该案的材料大致阅看一次，并没有与张文祥及余犯乃至审案人员有任何实质接触。次日，他出城迎接郑尚书。

对于大年底风尘仆仆赶到的郑尚书，我们要略作介绍。他是湖南长沙人，与曾国藩是老乡，名敦谨，字小山，道光十五年进士。尽管也任职中外，但仕途不畅，直到同治以后，才得以施展。

同治十年正月初一日，曾国藩出门到郑尚书处，又到郑尚书所带司员处一坐。这两位司员一满一汉，满员伊勒通阿，号达川，汉员颜士璋，号聘卿。

初二日，曾国藩确定两江总督参审人员。他素来信任的梅启照此时任江宁布政使，他与梅启照商量，决定派王、洪两位道员会审。洪是他的学生，当时以道员主持军需总局工作，王晓莲即王大经，时任江安粮道。

郑尚书将审案的地点设在江南贡院。经过二十余天的审理，并没有什么突破，而曾国藩也并没有参加会审。二十四日，郑尚书草拟一份此案奏结稿，请曾国藩会核，曾国藩非常认真，"细核一过，签出数条"。二十七日，曾国藩至贡院与郑尚书会审张文祥刺马案，将首犯等十八人点名一过，并未问供。二十九日，曾国藩至贡院，与郑尚书一同拜发折件，即会审张文祥之案也。

以上是据曾国藩日记等记载的审理情况。

在此前后，曾国藩将案件审理情况写信告诉许多人。他在正月二十七日复倪文蔚的信中说：马帅之事，自小山尚书（郑尚书）抵宁后，逐日熬审，竟无确供，顷拟照张帅（张之万）原奏之案具疏奏结。此事古今罕见，远近惊骇，虽鞫讯已殚竭心力，尚恐不足惬众望而息浮言。

这就是说，如此结案，曾国藩也清楚不足以平息所有议论。二月十三日，曾国藩给关注此案的丁日昌写信说：马帅之案，物论纷歧，朝廷亦疑别有主使，郑大司寇奉命来宁复讯，除夕抵此，日令司员推鞫二十余日，该犯一味狡展，至今尚无确供，郑公（郑尚书）遂如子青中丞（张之万）原讯拟结，顷已奏复于正月二十九日启程还京。知关注念，附布一二。

3. 最后定谳

郑敦谨、曾国藩上报的定谳奏折，是我们能够见到的关于此案的最详尽的一份报告。张文祥的情况也据此可见其大概。

张文祥是河南汝阳人，道光二十九年，他变卖家产，到浙江宁波做毡帽生意，在这里结识了军犯罗法善，因是同乡，往来之间就熟悉起来，在宁波靠放印子钱（高利贷）生息，并娶罗法善的女儿为妻，生有一子二女，咸丰年间，张文祥开小押店维持生计，所谓小押店就是小典当铺性质的店，大多是异地军流犯人为维持生计而做，但官府时禁时弛，并无定规。咸丰十一年十一月，太平军即将打入宁波，张文祥将衣服、银两还有洋钱数百元装入箱只，交给妻子罗氏带子女出城避乱，而他本人留在店内看守。与他以前熟识的陈世隆，在太平军充当后营护军，太平军攻进宁波时，陈世隆暗中派人到张文祥的店里保护，门口插上一面太平军的旗帜，并贴上告条一张，因此免受抢掠。后来，太平军全面占领宁波，陈世隆带同张文祥及其店里伙计陈养和攻打诸暨县包村，陈世隆死后，张文祥便在"侍王"李世贤队下做后营护军。到了同治三年九月，太平军攻陷漳州时抓到河南杞县的时金彪，张文祥一问是同乡，为其求情，留在一起。他见太平军大势已去，暗中与时金彪商量出逃，并于当年底逃出，投效提督黄少春处，并在军营剃发，并称要献破城之计，黄少春因张文祥没有保人而没有接收，只给了盘缠令其回籍。张文祥没能如愿，而时金彪从厦门到了福州，于第二年春天经人推荐到了浙江巡抚马新贻署中当差，张文祥也随即到福州当勇。

不久，张文祥搭船从福州回到宁波，得知他的妻子被当地一个叫吴炳燮的人霸占为妻，钱财也没有了。六月，张文祥向鄞县投诉。县官审讯是妻子改嫁（或许因年久不知音信，但未经丈夫允许），判回给他，但银钱等无凭讯追，张文祥心怀不甘。张文祥随即向素识的王老四等人帮给钱文，王老四又转托他熟悉的龙启云帮助，这样，小押店又开张了，张文祥与龙启云也成为好友，他与龙启云等人曾前往定海一带行劫，但未得手。龙启云随即投入南田大股海盗中，张文祥仍回宁波打理小押店生意。

同治五年正月，浙江巡抚马新贻阅边到了宁波，张文祥写了呈状拦舆告状，想追回银钱，马新贻将呈词掷回，没有受理此案。曾霸占他妻子的吴炳燮知道后，颇为得意，向他人讽刺挖苦，还借机勾引罗氏逃走，张文祥向府衙控告，批县将罗氏追回，张文祥愤恨异常，逼令罗氏自尽。

到了九月，张文祥在酒铺与王老四、龙启云相遇，将自己如何告状，又如何受到吴炳燮欺辱的事告知，龙启云等也将自己投入南田大股、被马新贻派兵往捕、多人被杀死、如何侥幸逃出等情况告知，并称赞张文祥素讲朋友义气，希望他为众人报仇，也可以为自己泄愤。张文祥被激应允，遇便下手，各自散去。

同治六年七月，张文祥得知原来在他店里的伙计陈养和在湖州新市做生意很顺，就将子女托给妻嫂罗王氏照料，本人到新市找到陈养和，要做老本行，开小押店。陈养和告诉他，马新贻出示禁止开小押，劝他多招人开当铺，但需要很多本钱，如果开小押，只好不要声张暗中小做。张文祥遂租了间房子开张，将他的妻嫂以及子女一同接到新市。由于开小押在禁止之列，当地的一些土棍也借此多次讹诈，以致本利俱亏。

同治七年二月，张文祥到杭州，得知时金彪在巡抚衙门当差，心中暗喜，遂前往面见时金彪，托他在衙门谋个差事。时金彪告诉张文祥，巡抚已升任闽浙总督，他没有办法，留张文祥在衙署款待两日后，张文祥仍回新市。同治八年八月二十六日，张文祥得知马新贻调任两江总督，遂到江宁，探知时金彪已随升任布政使李宗羲进京，正在为无法进到总督署而发愁时，见督署墙上贴有每月二十五日考课武弁的告示，以为机会来了。他随后又到箭道侦察，见总督散时，督标下多人拥卫，又顾虑棉衣护体，未敢妄动，遂打算来年夏间动手，于是又回到新市。同治九年六月，他离开新市，乘船从苏州转换船只，十八日到达江宁。七月二十六日便发生了刺马案。

奏折还有一个新的情节，就是审理行刺根由时，张文祥语言狂悖，据称，马新贻是回教中人，闻其与甘肃回匪勾通，他起意刺杀，系属报效。当审案人员问他，马总督素性忠直，受国厚恩，有何凭据污蔑大臣时，张文祥说是时金彪告知，而与时金彪对质，又理屈词穷，刑讯后又称，他料到行刺罪重，因而捏词诬陷，又扳扯时金彪作证，希望减轻罪名。

关于查验刀伤，经抢获凶刀者看视属实，经谙练仵作当堂查验，确系佩带小刀，锋利白亮，量视血瘢，透入三寸五分，验无药毒，又取死者受伤衣服四件，均有浸成血片，方圆大小不等，按原衣刀痕比对受伤部位，查系右肋近下。

对清廷及人们关注的何人指使，初获该犯称"养兵千日，用兵一时"，说只是多次受龙启云等帮助，并无他人指使。

奏折特别讲，再三研讯，该犯所供坚执如前，业经熬审二十余日之久，该犯屡次绝食，现已仅存一息，奄奄垂毙，倘旦夕殒命，转得幸逃显戮，自应迅速拟结。

最后判拟如下：张文祥按谋反大逆律，凌迟处死。

该犯之子只有十二岁，阉割后发新疆为奴。二女均已许嫁，各归其夫。

时金彪革去把总，发近边充军。

奏折文末称：郑敦谨拜折后，即率随带司员回京复命。

因主使一说满天飞，同一天，两大臣上《复奏马新贻被刺一案犯供无主使实情片》。因王家璧所奏，清廷于十二月初二日，通过军机处发给曾国藩等审案人员，明确表示"该京卿所奏一节，仅系自得传闻，且丁惠衡经丁日昌自行奏明，交马新贻审拟奏结，自无庸再行提讯"。只是让曾国藩等知悉此事。此奏片堪称主要是对人们疑虑的丁日昌指使说，予以澄清：查此案先由丁日昌奏交马新贻审办，马新贻据范贵等供词定案，并未传讯丁惠衡，且仅将丁惠衡交部议处，嗣经丁日昌自请将丁惠衡革职，是此案在先之举发，及在后之从严革除，均由丁日昌自行奏办，无庸向马新贻请托，显而易见。随将张文祥等及所有犯证，设法诱诘，旁参互证，既与丁惠衡之案毫无牵涉，也不能另供指使之人。

也就是说，丁日昌之子当年所涉案件，马新贻审理前，丁日昌已经自行处理，没有必要向马新贻请托，也就不可能有受到马新贻拒绝而不满，遂致指使人刺杀的事。从而把丁日昌父子从刺马案中完全洗脱。

同治十年二月初六日，清廷照准。十四日，内阁奉上谕到江宁，次日，将张文祥处死。

至此，本案已经从程序上审结并执行完毕。

第四讲

千古疑案

从刺马案发生，一直到审结后，传闻不断。我们先看各方
在审结后的反应。

1. 审案者的异常归宿

钦派大臣、刑部尚书郑敦谨上奏后，没有等待清廷的批复，
就回京复命。而一到清江浦，就向朝廷上疏说自己因病乞休。
直到光绪十一年病逝，没有再启用。

曾国藩对此格外关注，因为他是与郑敦谨一同审案的两位
大臣，郑敦谨的举动难免为外界所猜疑。二月二十二日，曾国
藩复信给漕运总督张兆栋（友山）说：据委员郭仲龄来信，言
郑小山星使（郑敦谨）体中不适，在清江登岸小住，请阁下具
疏代奏，令伊、颜二公先行回京云云。不知小山同年近来病状
何如？近日已痊愈否？殊深悬系，敬求阁下就近照料。清河县
办差，恐饭菜俱不合用，能否另提公款派一委员经理，伏候卓

裁。省中公送程仪少许，小翁全未收受，京师带出之途费，恐已用罄，应否由尊处酌送赆仪，将来由省中寄还归款，统候裁夺。

所谓"程仪"，就是路费，但郑敦谨拒绝了，这多少有些不通常理。而连饭菜是否合口都要总督大人操心，可见曾国藩或有愧疚之心。本来离开江宁时并无不适，怎么突然就闹起病来？曾国藩感到不解，次日，他写信给何绍基：郑小山于正月底由江宁（南京）启程，闻行至淮上，偶有感冒，奏明请假二十日在淮调理就痊，乃能首途北上。小翁在此精神完固，惟右腿作疼，需人扶掖，临去亦已大愈，不知在淮又染何症？年近古稀，衰态侵寻，固亦人理之常。

到了三月初五日，曾国藩直接给郑敦谨写信：听闻请假二十日，窃窥左右气静神腴，清谈娓娓，杂忆旧事，纤悉不忘，知精力完固，远非鄙人所可及。前日函商友山（张兆栋）漕帅，嘱其饬地方官少供刍秣，台端出京时所携旅费恐当用罄，友山若稍备一夕之卫，万勿峻却是祷。前疏于二月二十四日奉到谕旨，一切照准，次日将该犯凌迟处死。此事古今罕见，远近惊疑，大旆南来，折中至当，始足全息浮议，以清望素为人所敬也。

这封信除了对郑敦谨的身体、精神状态大表关心之外，还特别请其接纳"程仪"即路费，并特别告知：所上报的结案奏折，朝廷已经完全按照我们的意见批准了。最后讲郑敦谨"折中至当"，使得很多议论得以平息。而事实上，舆论并没有平息。特别是参与审理案件的人，不断通过各种渠道和方式，表达不满，甚至有抗议。说明这个审理结果确实有诸多事情被隐匿下去。

再看随郑敦谨一同审案的两位刑部司员，满郎中被一纸诏书下令全俸回籍，颐养天年，而那个汉郎中颜士璋被外放到甘肃兰州，得了一个没实缺的知府衔，几近流放。但他是个有心人，他将审案的过程记录下来，名为《南行日记》，据他的曾孙颜牧皋说，日记中写有诸如"刺马案与湘军有关""刺马案背后有大人物主使"等内容，但因日记已经不存，真假无从得知。

朝廷如此对待审案者，不免令人怀疑，或许清廷担心这些人仍然在位，会掀起什么波折，或将消息透露出来，让言官们知道了捅出来，会引起更大的风波。

2. 马新贻一方欲伏阙鸣冤

被刺的马新贻一方，他的两个亲信，即参加会审的孙衣言、袁保庆两个人，不但拒绝在定案书上签字，而且，孙衣言还不依不饶，在定案的同时为马新贻写了一篇长长的《神道碑铭》，为此鸣不平。曾国藩显然也注意到了孙衣言的举动。

当案发之初，孙衣言给曾国藩写信，希望能为马新贻表功，但为曾国藩所婉拒：谷山制军平日居官行政，可法可传，鄙人素所深佩，来函胪举见示，若唯恐叙列未备，循绩就湮，风气尤为可敬。惟谷帅被弑后已由魁将军、英中丞先后陈奏，敕处相距较远，未便再有渎陈。朝廷饰终之典至优极渥，亦不宜更有干请。曾国藩的意思是，他很敬重马新贻的为政，但因自己与马新贻昔日所任职地方相距遥远，不知细情，再者，已有英翰、魁玉向朝廷上奏，朝廷对马新贻的盖棺定论也已很高，自己不应该再有什么请求。当然，这是客气的说法。实际上，曾国藩任两江总督时，马新贻是他的部下，完全有理由向朝廷"表功"，他不这样做，肯定另有考虑。

而孙衣言为马新贻所写的《神道碑铭》，全篇行文，为马新贻不平，更为如此结案鸣冤。他大体讲了四层意思：

第一层是讲此案发生的大背景：平定太平军后，人心益不靖，武夫悍卒失职，流落含毒，大官便文自营，率不肯穷治，民益无所惩畏，内自辇毂，外迨通都大邑，怀白刃入官寺狙杀长吏，岁或再三作，而两江总督马公之变，尤数百年所未有也。

这是说，刺马案的背后是因为封疆大吏对解散后的湘淮兵勇所做的种种乱行，根本不认真对待，以致犯上作乱者，越来越猖狂，最后才有刺马案发生。这一段，明确说出刺马案的源头，虽然没有湘淮军之类字样，但指向性很清楚。

第二层讲马新贻遇害后，诏书责捕甚急，务究根株，而张文祥所承只是睚眦细故，且供词反复屡变，奏上天子疑之，九卿台谏有言，乃命大司寇挈两郎官驰复按，然亦未能深究其事。

这一段讲刺马案发生后，朝廷高度重视，多次下旨严查背后指使者，而初审时把刺马的动机归结为琐碎小事，更为重要的是，张文祥的供词"反复屡变"，上奏后更引起天子及朝臣，特别是言官质疑，于是乃有派刑部尚书驰往审案之举，但最后也没有揪出幕后指使。

第三层讲总督两江的曾国藩与马新贻的治理思路，一尚宽，一尚严：曾公定东南，欲与民更始，卵翼涵煦，一切治以阔略；马新贻继之，则务引绳墨为综合，盗贼得，立即诛死，小人固多不便，而祸变之端，发自逆贼遗种，阴谋诡计，殆不可测，然其事莫能明也。

由于曾国藩与马新贻治理两江的思路完全不同，而马新贻用严厉手段，惩治贪污，抓捕盗贼立即杀无赦，这就使得"小人固多不便"，而祸变的发端，虽然来自"逆贼遗种"，即太平军的人，而"阴谋诡计，殆不可测"，只是"其事莫能明也"。这段话隐含着很多意思，孙衣言所要表达的是，表面上看，此案张文祥是太平军的"遗种"，实际背后有"阴谋诡计"，只是没有深究下去。因而，湘军、淮军以及曾国藩、丁日昌，都或明或暗，牵连其中。

最后一层讲他参与审案的情况：公既遇害，衣言以文闻事，不及治公狱，又一月，衣言出闱，大臣令会鞫贼，衣言既抗言：贼悍且狡，非酷刑不能得实，而叛逆遗孽刺杀我大臣，非律所有，宜以经断，用重典，使天下有所畏惧，而狱已具且奏，衣言遂不画诺。[1]

这一段更加明确，说在审理张文祥的过程中，意见很不同，孙衣言主张用严刑拷打，使得行凶者交代真情，而主持审案者

---

〔1〕《逊学斋文钞》卷五，《续修四库全书》，集部，第319~321页。

却坚决不同意这样做。最后，参与审案的孙衣言没有在上面签字。换言之，就是审理的结果可能不是真实情况。这是对本案结案最直接的质疑。因为他是参与审案的人，又不是州县那样的下级官吏，因此，说明刺马案存在太多疑点。

再看死者的弟弟马新祐，他一直在试图查出真相，为死去的哥哥讨个公道。直到案件审结，他还在赴京为其兄鸣冤。而李鸿章写给马新祐的几封劝说信最值得注意，同治九年九月十三日，李鸿章复河南试用知县马新祐：既经获犯讯供，自不能不务求真确，以为信今传后之本，惟张文祥初供未能明晰，该犯家属查拿到案，正可从此根究。子青漕帅（张之万）现赴金陵会讯，谅能督饬司局，反复究治，俾成信谳。弟处前于司道来禀，迭经批令严鞫。小岩方伯（梅启照）及承审诸君深识政体，当能妥速讯办。望于进见青帅再加恳催，弟亦当谆函遍属也。

这封信显示了李鸿章大公无私，相信钦派大臣梅启照也能认真审理该案，司道官来时，他也会批令严审。

同治十年正月十六日，即将结案时，李鸿章又给马新祐写信：郑尚书抵宁后，以朝廷轸恤之重，群公研鞫之苦，再加反复求详，春水生时，前案大致可结。该犯久稽显戮，正当早伸国法以快人心，令兄无愧于唐之武元衡、汉之来君叔。大仇可雪，似应扶榇东归，俾安英灵而图后起。

这封信是说，刑部尚书郑敦谨到达江宁后，与其他审案官员一道，认真审案，大概初春时节，就可以结案。张文祥应该早些受到法律惩治，也可以告慰死者的在天之灵。最后，将马新贻与唐朝的政治家武元衡（早朝时被刺杀）、汉代名将来歙（字君叔，被刺杀）相并列。

但马新祐并没有完全听从李鸿章的劝告，结案半年以后，他还要伏阙鸣冤，而原因又颇为蹊跷，据说是"惑于扶乩之言"。所谓扶乩，是道教的一种占卜方法，又称扶箕、扶鸾、降笔、请仙等。扶乩时有神明附身，在鸾生身上，写出一些字迹，以传达神明的想法。

同治十年九月，李鸿章写信给丁日昌说，谷山之弟（马新祐）过此赴京，尚欲伏阙鸣冤，细询其访知主使何人，则又渺无影响，溺于乩笔，疑是同城大官所为，并无疑及令郎在内。本是千古奇事，竟成千古疑案，而好事者波及名贤，他日狱词果白，则白日经天，魍魉悉化，始付诸不闻不见而已。

李鸿章告诉丁日昌，马新贻的弟弟赴京路过他这里，仍然愤愤不平，表示到京时会为他的哥哥鸣冤，因为案件已经结案，李鸿章问他知道是何人指使吗，为什么还要有此举动？他又说不出来。说是扶乩时得到的启示，怀疑是同城大官所为，但并没有怀疑丁日昌的儿子。最后安慰丁日昌，这件千古奇案，竟然成为千古疑案，使得那些好事之徒，将名贤牵连其中，将来全部供招一旦公诸天下，被牵连其中的人就会得到洗刷。

与孙衣言所作《神道碑铭》相呼应，马新祐通过为其兄即时编写、刊刻《马新贻年谱》，试图为其兄盖棺论定的同时，也为其兄鸣冤。该年谱最后写道：新祐编次年谱已毕，泫然而泣，喟然而叹曰：悲夫，朝廷天高地厚之恩至矣尽矣，蔑以加矣，崇祀之疏有请必从，诏书胪举成劳，悯惜再四，清问所及，亟欲穷究贼情以遏乱萌伸国法，而爰书阁七月之久，星使再莅，卒如初谳具狱，寒家衔痛饮泣，深感圣恩之至渥，终觉疑案之莫明，悠悠苍天，抱恨终古，新祐何以慰吾兄于地下耶！善乎，有琴西孙先生（孙衣言）之铭公神道碑也。《逊学斋文钞》今已刊行，后之知人论世者，亦可概见当时情事矣。

这段话是说，朝廷对他的哥哥马新贻，所有能做的都做了，天高地厚之恩无以复加。但定案奏疏经过七个月之久，又两次派钦差大臣，而最后还是"疑案之莫明"，他感到无以告慰哥哥的在天之灵。只有刊行的《逊学斋文钞》和孙衣言写的《神道碑铭》道出当时的情形和真相。

有记载说，马新祐也直接参与并左右该案如何定案，因为他担心如果渔色杀友之事泄露出去，是对死者更大的损害，而且，在他的一再要求并亲自执行下，张文祥被凌迟，摘心致祭。只是后来他到浙江任官，亦为时人所不齿，几年后抑郁而终。

3. "丁日昌指使说"的平息

丁日昌被牵进此案，对他打击甚大，母亲病故后，决意不再出山。李鸿章于同治十年正月十七日回信说：年未五十，何出此意？谷帅前事（刺马案）中，却竟有怀疑令公子为荆轲者，郑尚书复按自明。时人党同伐异，殊可诧怪。

定案后的五月二十三日，李鸿章又写信给丁日昌，直接指责王家璧：王家璧前奏，中外传为笑柄，虽快一时谗佞之口，自有千秋直道之公。吾弟才识心力，十倍庸众，岂终为山中人哉！此等毁誉，不过缘非科目翰林而起，今世乏才，岂乏翰林科目耶？！

李鸿章劝慰丁日昌，不能让这些科举出身的人说了你一些无中生有的话，你就灰心丧气，你的才能比起那些翰林、科举出身的人，强十倍还有余。

但丁日昌仍然难以接受，伴随他的离职，以及刺马案的渐行渐远，笼罩在他心中的阴云仍未散去。

同治十一年七月初二日夜，李鸿章写信对他说：执事去官以后，中外议论渐平，其知者尚推鄙人荐贤为不谬，然科甲中人渐多疵议，又不能确指为何项劣迹。王孝凤（王家璧字）现已进京，凭空媒孽，皆知其妄，不待申理者。

同年九月十一日，又给丁日昌写信：执事当官，时常郁郁不自得，迨被琅琊（王家璧）一击，意绪更灰，彼以院长数言事，先毁阁下，次纠省三（刘铭传），皆若有宿衅深怨，无他，为左道报其私。

在李鸿章看来，王家璧等人通过个案栽赃陷害，打击报复，丁日昌、刘铭传这两位李鸿章极力举荐的人，都受到攻击。言外之意是，这些人是为了报复而不顾事实。

丁日昌重新出山是光绪继位以后的事情了。据徐宗亮的《归庐谈往录》卷二提出，定案时以为洋盗复仇，而起杀机。但中外议论，复仇之说在疑似之间。王家璧当时在陕西督学，上书称是丁日昌指使，袁保恒办西征粮台，也主张这种说法。主使之说，大概缘起于丁日昌对待属吏颇近操切，因此对他衔恨者多，世传百韵诗，对丁日昌极尽污辱，不忍卒读，辗转传播，又随意增加，何所不至？王家璧、袁保恒平素敬重马新贻，经此惨祸，据以入告，幸赖朝廷宽大，不欲兴起大狱，将王家璧、袁保恒的上奏，等同台谏风闻。马新贻在江南，虽然恪守曾国藩遗规，而舆情则不甚惬焉。

这段评论很客观，讲出了为什么王家璧、袁保恒为马新贻鸣不平的原因，也分析了马新贻任职两江总督不为人所重，以及丁日昌的严厉作风与王家璧等的矛盾。如此看来，"指使说"又没有更多依据。

对丁日昌为政尚严厉的做法，曾国藩确曾写信劝告："阁下本有综核之名，属员畏者较多，爱者较少，于'考'字尤不相宜。以后接见僚属，请专教以善言，不必考以文理，略有师生殷勤气象，使属员乐于亲近，则阁下无孤立无与之欢，而德量益弘矣！"这是说，丁日昌平时要求下属过于严厉，使得下属不亲近他而畏惧无比，这也使得他很孤立，希望他改变。

对于丁日昌指使一说，"京师士大夫从而和之"，直到丁日昌在光绪时重新出山，他才向友人解释个中原因。他给沈葆桢写信说：琅琊（王家璧），弟并未见面，从前朱修伯（学勤）曾说及，弟在上海道任内，曾撤伊弟差使，故结怨至此。元忠肉甘，只好听猎者之网罗，老僧惟有不闻不见而已。原来，丁日昌与王家璧结怨，是因为丁日昌任上海道员时，把王家璧弟弟的差事撤了，断了人家的财路，所以受到报复。

转变最大的还是慈禧。1875年6月，慈禧召见丁日昌时对他说：尔在江苏，官场虽恨尔，然百姓却感激尔，我也知道。现在王家璧很糟蹋尔与李某二人，此等浮言我不为所动，尔断不可因此灰心。丁日昌遂打起精神，重新出山。

因此，刺马案不仅将丁日昌这员洋务派的核心人物牵进去，也有着把湘淮军牵涉进来的复杂政治背景。

4. 待解四大疑点

"以海盗挟仇定案"，时人乃至连主审本案的官员都表示怀疑，曾国藩复友人信中说：似可信其别无主使，从此物论可渐息矣。

就在案发不久，时值乡试，安徽学政殷兆镛考贡监场，录遗时出题为《若刺褐夫》，诸生哗然，相率请示如何领题，殷兆镛沉吟曰："不用领题，不用领题。"又次日补考，题为《伤人乎》，盖皆为此而发。

当时许多名人日记，都记载了刺马案，而与曾国藩有多次交谈的王闿运接连几天所记，都是谈论该案，他特别赞成"朝廷不宜发贵臣阴事"，说郑尚书应该密奏，而将其真事隐下。二月初，王闿运得知结案后，专门写道：郑尚书已刑讯张文祥，作海寇定案。一个"作"字，堪称画龙点睛之笔。而定案不久的三月初五日，庞省三来曾国藩处一谈，他告诉曾大人：近日有编造戏文讥讽马帅者。

事实上，自案发到审理过程乃至结案后，上海等地一直在上演《张文祥刺马》，渔色卖友一说也被更多人口口相传，安徽巡抚英翰知悉后，立即去函请上海道涂宗瀛出示禁止。与官方形成鲜明对比的是，前安徽巡抚却不以为然，作七律一首，专咏其事，最后二句是："群公章奏分明在，不及歌场独写真。"马新贻死后，崇祀有加，各地建专祠，但有人认为，这样做益彰其丑，湖南籍名翰林周寿昌所作诗文说：诸公莫作元衡例，斟酌崇祠与易名。元衡是指唐宪宗时武元衡，刚正不阿，被贼所害，谥号忠敏。这句诗是说不能拿马新贻与武元衡一样看待，朝廷下诏建祠，谥号端敏，这个"端"字要斟酌，讥讽马新贻"不端"，多年后又写道："流言惑听惭非智，况是千秋被史愚。"说的是即便生在同时，真相尚且难明，何况千秋之后，难免为史家所愚弄。

综合各种官私记载，刺马案存在四大疑点。

第一，本案最关键的两大问题，一是刺马动机，二是何人主使，从定案来说，各种理由都难以成立。

先看动机。定案的刺马动机非常牵强，使得张文祥人财两空并让他蒙受夺妻羞辱的无疑是吴炳燮，如果报仇，此人为第一，但他两次都通过正常的法律程序解决，而却把仇恨记在毫不相干的马新贻身上，不符合情理；一个平民百姓，一个贵为总督，仅仅因为不受理词状就迁怒于此，不符合常理。

第二，再看主使。案件历经七个月，清廷最初是想深究主使，几次下诏书，均致意于此。最后勉强出来个龙启云，而是真是假，无从得知，如此大案，没有向浙江发文追查此人，却要结案后"务获另结"，这就使得"主使"一节，有更多勉强拼凑的痕迹，也更让人怀疑其背后另有隐衷。而曾国藩迟迟不肯回两江，回了两江也置清廷谕旨于无有，两个月间，连一次审讯都没有，实出情理之外，而第一个钦派大臣张之万在没有将本案奏明，甚至连大概情形都没有上奏的情况下，就调任江苏巡抚，前任主审与后任好像毫无相关，这也非常反常，看清代审理大案，也没有见到此类情形。更让人匪夷所思的是，第二次所派钦差大臣郑敦谨，本一月可至，却走走停停，用了近两个月时间，而上奏次日，不待朝旨，声明回京复命，而到了中途就以病乞休，暗示此案只能如此，不能再深究下去，如果继续深究，可能激出大事变。因此可以说，出于更多的政治因素考虑，此案不是不能深究，而是怕引爆更大的变故。近现代著名史学家邓之诚先生，我国台湾地区著名历史学家、作家高阳先生都认为，此案的大背景是湘军，是对清朝轻易将两江总督让给一个没有更多功绩的人的一种反抗，相信刺马案绝非曾国藩、李鸿章，包括丁日昌这些人所指使，他们也无需这样做，但湘军的中下层未必忍得下，而马新贻的两江新政，务在严苛的做法，客观上使得散处四方的原先的湘军系统，做出反应，当属情理中事。特别是浙江巡抚一缺，本是曾国荃遥领，左宗棠升任闽浙总督后，顺理成章由曾国荃接任，但却把他赶回家，且湘军老大曾国藩的两江位置都要动，这就难怪李鸿章于马新贻接任两江时就明确说出"两江从此多事了""马谷山不能慑服群雄"。刺马案发生后，他又明确说，如果不是这样的任命，马新贻何能遭此变？话已经说得再明白不过了。因此，如果一定要挖出指使，做不到，但大大小小湘军系统的人，可以说都是指使者，是后盾。而马新贻的资历、威望、功绩，都不足以任两江，抛开李鸿章等湘军系的人不论，与他交好的李慈铭，乃至是马新贻系的人，也都道出此点关键，而用马代曾，显然是慈禧等人的深远用意。从这种意义上来说，马新贻案是两种政治军事力量较量的一个插曲。马新贻成了牺牲品，难怪清廷要崇祀无已，而湘军系的人，没有一个人要表彰，曾国藩还劝马新贻系的孙衣言不能再有干请。

第三，关于马新贻受伤，安徽巡抚英翰原奏说，皮肉内缩，并未出血，而颈项浮肿，十指甲呈青黑色，是以毒药敷于上，以致深入要害，不能医治。定案时却以无毒论，二者必有一假。再看张文祥，定案时称，张文祥只有一息尚存，奄奄垂毙，但看曾国藩日记，还有私家著述等，称处决张文祥于金陵之小营，马四亲自监斩。马四即马新贻之弟马新祐，时为浙江候补知县，他专门定制一刀一钩，命刽子手以钩钩肉而碎割之，自辰至未始割毕，最后剖腹挖心而致祭。张文祥始终未一呼号。这与奄奄垂毙完全两样。就此二件推而论其他，最后定谳，已非可信。

第四，最关键的是以海盗定案，查《清史稿》"马新贻传"：浙江象山、宁海一带有禁界地，名南田，方数百里，环海土寇邱财青等处其中，马新贻遣兵抓获邱某，南田乃安。查阅清宫档案，南田之事，是指无业人到此安家，清廷禁止，但自道光三年订立章程后，就不见档案再有南田案发。因此，以南田定案，或许子虚。而查阅档案、实录、年谱等记载，马新贻任职浙江巡抚期间，只有两次剿杀海盗，一次在同治四年底五年初，署黄岩镇总兵刚安泰，率游击蔡凤占、千总江潜蛟、把总牟仁彪等巡洋，遇外洋盗匪，双方交战，刚安泰等几乎全部战殁，马新贻随即派署副将张其光等统率师船，在海门洋面，分哨囲击，烧死盗匪十余人，将首匪梁彩等击毙，夺获船只器械，并抓获戕害官军各犯。清廷令马新贻驰赴宁波海口，督饬在事各员弁，将余匪搜捕净尽，务绝根株，以清洋面。另一次是同治七年初，剿杀嘉湖枪匪数十名，而并无南田盗匪之记录。或许因无案可据，高阳称将历次剿办的海盗，改为盐枭，即与实际情况，相去不远。而盐枭出自漕帮，里面有为数甚多的湘军人物。

震惊中外的刺马案，最后以"尚属可信"结案，也就成为近代四大奇案中的一大疑案。

杨乃武与小白菜案引用档案目录
（中国第一历史档案馆）

　　1. 题名：题报杭州府余杭县人杨乃武商同奸妇葛毕氏谋毒本夫身死拟斩立决事

- 责任者：杨昌濬
- 官职爵位：浙江巡抚
- 具文时间：同治十二年十二月二十日

　　2. 题名：奏为讯明承审杨乃武案不实各员分别按律定拟事

- 责任者：皂保
- 官职爵位：刑部尚书
- 具文时间：光绪三年二月十六日

　　3. 题名：奏为大吏胡瑞澜杨昌濬承审杨乃武要案任意瞻徇请予严惩事

- 责任者：王昕
- 官职爵位：掌四川道监察御史
- 具文时间：光绪二年十二月二十七日

4. 题名：题为请旨敕部将杨乃武举人斥革事

- 责任者：杨昌濬
- 官职爵位：浙江巡抚
- 具文时间：同治十二年十二月初七日

5. 题名：奏为承审杨乃武要案讯出原验草率请饬提余杭县知县暨门丁及葛品连尸棺验讯事

- 责任者：崇实
- 官职爵位：刑部尚书
- 具文时间：光绪二年九月十七日

6. 题名：为咨送提解杨乃武案人证讯明各供事致军机处咨呈

- 责任者：杨昌濬
- 官职爵位：浙江巡抚
- 具文时间：光绪二年六月二十六日

7. 题名：奏为承审杨乃武要案尚有应提人证杨恭治等请旨饬解送部质讯事

- 责任者：崇实
- 官职爵位：刑部尚书
- 具文时间：光绪二年五月初十日

8. 题名：奏为杨乃武案有关风化请饬派审并会法诸臣毋狃救生不救死之见平心定谳事

- 责任者：王家璧
- 官职爵位：顺天府府丞

- 具文时间：光绪二年四月十七日

9. 题名：奏为恭陈杨乃武案情歧异情形事
- 责任者：胡瑞澜
- 官职爵位：浙江学政
- 具文时间：光绪元年十二月二十四日

10. 题名：呈余杭县杨乃武案内人证沈祥等亲供单
- 责任者：浙江省臬司
- 具文时间：光绪元年

11. 题名：为杨乃武案中刑部所指歧异各节逐一查讯并令刘锡彤出具切实亲供咨呈送贵处事致军机处咨呈
- 责任者：胡瑞澜
- 官职爵位：提督浙江全省学政
- 具文时间：光绪元年十二月二十四日

12. 题名：奏为内阁中书汪树屏等呈诉杨乃武案复讯回护请旨饬部审办事
- 责任者：景廉
- 官职爵位：都察院左都御史
- 具文时间：光绪元年十二月十四日

13. 题名：奏为遵旨核议杨乃武案现讯情节与原题尚多歧异奏请复讯事
- 责任者：崇实
- 官职爵位：刑部尚书
- 具文时间：光绪元年十月三十日

14. 题名：奏为严讯杨乃武案情形并请简派大员会讯事

- 责任者：胡瑞澜
- 官职爵位：浙江学政
- 具文时间：光绪元年七月十八日

15. 题名：奏为杨乃武要案复审未结现遵旨严饬妥为看管移交学臣胡瑞澜讯办事

- 责任者：杨昌濬
- 官职爵位：浙江巡抚
- 具文时间：光绪元年五月十九日

16. 题名：奏为诬攀杨乃武因奸同谋案承审官意存瞻徇请钦派大员秉公查办事

- 责任者：王书瑞
- 官职爵位：刑科掌印给事中
- 具文时间：光绪元年四月二十四日

17. 题名：奏为杨乃武冤狱浙江省不肯照驳平反且赵自新为此案正凶请饬该省抚臣行查有无其人事

- 责任者：文郁
- 官职爵位：御史
- 具文时间：光绪十三年

18. 题名：奏为葛毕氏案众犯提解到部请旨查拿刘殿臣姜位隆事

- 责任者：崇实
- 官职爵位：刑部尚书

● 具文时间：光绪二年四月初三日

19. 题名：呈余杭县民妇葛毕氏因奸毒毙本夫葛品连一案所有该犯及各人证等供招簿册

● 责任者：胡瑞澜

● 官职爵位：提督浙江学政

● 具文时间：光绪元年十月初三日

20. 题名：奏为奉旨饬查余杭县民妇葛毕氏毒毙本夫重案拟请俟杭绍试毕讯办事

● 责任者：胡瑞澜

● 官职爵位：浙江学政

● 具文时间：光绪元年五月十二日

21. 题名：奏为胡瑞澜讯办余杭县民妇葛毕氏毒毙本夫案未惬众论请提交刑部审办事

● 责任者：边宝泉

● 官职爵位：户科给事中

● 具文时间：光绪元年十月十八日

临刑呼冤案引用档案目录
（中国第一历史档案馆）

1. 题名：奏为镇平县行劫盗犯胡体浍临刑呼冤复鞫事
- 责任者：涂宗瀛
- 官职爵位：河南巡抚
- 具文时间：光绪七年七月二十日

2. 题名：奏为审明王树汶与胡体浍系两人请饬河南巡抚设法查拿胡体浍务获究办事
- 责任者：刑部
- 具文时间：光绪九年

3. 题名：呈河南盗犯胡体浍临刑呼冤案全案供招单
- 责任者：文煜等
- 官职爵位：刑部等衙门协办大学士尚书
- 具文时间：光绪九年二月二十九日

4. 题名：奏为交审胡体浍一案究出另有正盗请饬拿事
- 责任者：刑部

● 具文时间：光绪八年十二月初十日

5. 题名：奏报派员管解盗犯胡体浇要案人卷赴部起程日期事

  ● 责任者：李鹤年
  ● 官职爵位：河南巡抚
  ● 具文时间：光绪八年十月二十八日

6. 题名：奏为河南镇平县盗犯胡体浇贿纵案办理情形请旨事

  ● 责任者：文煜等
  ● 官职爵位：刑部尚书
  ● 具文时间：光绪九年二月十三日

7. 题名：奏为遵旨查拿贿纵要犯胡体浇请饬将犯供飞咨来豫事

  ● 责任者：李鹤年
  ● 官职爵位：河南巡抚
  ● 具文时间：光绪九年正月初六日

8. 题名：奏为审明河南盗犯胡体浇临刑呼冤案按律定拟事

  ● 责任者：文煜等
  ● 官职爵位：刑部等衙门协办大学士尚书
  ● 具文时间：光绪九年二月二十九日

9. 题名：奏为遵旨察议河南盗犯胡体浇案内审办各员处分事

  ● 责任者：宝鋆 广寿

- 官职爵位：管理吏部事务大臣 吏部尚书
- 具文时间：光绪九年三月十二日

10. 题名：奏为遵旨审办河南盗犯胡体浍临刑呼冤案究出另有正盗情形事

- 责任者：文煜等
- 官职爵位：刑部尚书
- 具文时间：光绪八年十二月初十日

11. 题名：奏为拟缮刑部奏现审胡体浍临刑呼冤一案请提承审官质讯折谕旨事

- 责任者：军机大臣
- 具文时间：光绪八年

12. 题名：奏为盗犯胡体浍临刑呼冤案内要证阎成林等委员押解赴京交部收审事

- 责任者：李鹤年
- 官职爵位：河南巡抚
- 具文时间：光绪八年十一月二十九日

13. 题名：奏为盗犯胡体浍临刑呼冤请饬河南巡抚速送案内人证及一切卷宗事

- 责任者：刑部
- 具文时间：光绪八年

14. 题名：奏为审明盗犯胡体浍临刑呼冤及续获王老幺伙盗一案按律定拟事

- 责任者：梅启照 李鹤年

● 官职爵位：东河道总督 河南巡抚

● 具文时间：光绪八年八月二十九日

15. 题名：奏为遵查河南盗犯胡体浇临刑呼冤案办理未协请旨饬查此案主稿员名交部议处事

● 责任者：文煜等

● 官职爵位：刑部尚书

● 具文时间：光绪八年九月十七日

16. 题名：奏为镇平县盗犯胡体浇呼冤一案业经审办无误河东道唐咸仰博誉故翻涌惑众听事

● 责任者：李鹤年

● 官职爵位：河南巡抚

● 具文时间：光绪八年八月二十九日

17. 题名：奏为河南盗犯胡体浇临行呼冤案原办诸多含混请旨将前任镇平县知县马翥等解交刑部质讯事

● 责任者：文煜等

● 官职爵位：刑部尚书

● 具文时间：光绪八年十一月三十日

18. 题名：奏为恭拟梅启照李鹤年奏审明盗犯胡体浇临刑呼冤案按例定拟等折片谕旨请旨事

● 责任者：军机大臣

● 具文时间：光绪八年

19. 题名：奏为遵议河南盗犯王树汶临刑呼冤一案涉案按察使豫山等处分事

- 责任者：宝鋆等
- 官职爵位：大学士管理吏部事务

20. 题名：奏为刑部拟定王树汶一案与例两歧请饬妥划一事

- 责任者：李鹤年
- 官职爵位：河南巡抚
- 具文时间：光绪九年四月初十日

后　记

　　本书是依据我在中央电视台"法律讲堂"所做的同名讲座的讲稿整理而成。其中，杨乃武与小白菜案，开始做了 5 集讲述，后承电视台之命，又做了 9 集的讲述。讲述及据此而整理的稿件，主要依据保存在中国第一历史档案馆的清朝档案作为基础，并参考实录、笔记、日记等官私材料。试图还原历史真相，同时着意从法律上予以解读。在此过程中，得到中央电视台编导李燕佳等人的反复指正，获益良多。谨此致谢！

作　者

2019 年 7 月